**ALFONSO TC**

# IMPARA A DIFENDERTI

## KAPAP - KRAV MAGA'
### ISRAELI FACE TO FACE COMBAT

**AVVERTENZA**

L'Autore e l'Editore non si assumono alcuna responsabilità nei confronti di chi causa o subisca lesioni applicando le tecniche contenute in questo volume , e le eventuali conseguenze .

*Ai Maestri*
*Imre Emerich Lichtenfeld*
*Haim Zut*
*Jack Stern*
*Thierry Viatour*

Dedico questo mio libro a tutti i miei allievi che, con costanza e dedizione, seguono il lavoro da me intrapreso, sostenendomi, ed a quanti come noi , fanno della pratica della Israeli Self Defense uno stile di vita .

Un doveroso ringraziamento va al mio Maestro **Moshe Galisko** e al Presidente **Prof. Francesco Proietti** per l'aiuto e i consigli che mi permettono di crescere e migliorare giorno dopo giorno .
Vorrei esprimere i miei ringraziamenti ai mie studenti : Giuseppe Lopiano (Istruttore Csen) , Antonio Ficarra (Istruttore Csen) , Silvia Padovani (allenatore Csen) , Giovanni Purpero (Allenatore Csen ) e Gaia Bellomo che compaiono come miei partner nelle fotografie .

Sono inoltre debitore a Francesco Picaro Psicologo Formatore CSEN per la preziosa collaborazione .

Grazie
Alfonso Torregrossa

# INDICE

*La difesa personale non è da intendersi come un insieme di tecniche ed insegnamenti atti ad usare violenza per sopraffare fisicamente un avversario prima che sia lui a farlo, confondendola con mere tecniche di lotta quali street fighting. In realtà, la difesa personale comprende esclusivamente tecniche e strategie per la difesa dalle aggressioni, a livello fisico, psicologico e verbale. In tema di autodifesa un concetto molto importate è quello della prevenzione, e per questo viene incluso negli studi di tali tecniche. La prevenzione serve ad evitare inutili situazioni di rischio per la persona. Spesso questo concetto non è compreso immediatamente da chi si avvicina per la prima volta allo studio di tali tecniche. La difesa personale deve quindi essere vista come una cultura di prevenzione adatta a tutti.*

*Tuttavia, come in tutte le arti marziali giapponesi, vi sono molti aspetti che non possono essere adeguatamente spiegati a parole o con fotografie; il presente testo non può infatti sostituire la passione , la fatica e la disciplina , perché sono convinto che il modo migliore per acquisire le tecniche sia una lunga e costante pratica sul tatami con un valido Insegnante.*

Alfonso Torregrossa

"La consapevolezza di poter fare qualcosa di cui non pensavi di avere le capacità, ti porta a far crescere il livello dell'autostima anche nella vita quotidiana. E' la cosa più bella per me come Insegnante , vedere che quella sicurezza che gli allievi conoscono in palestra la portano con se'"

אלפונסו ידידי,
ברכות חמות על הוצאת ספרך על אומניות הלחימה הישראליות
קפא"פ קרב מגע.
משה חי גליסקו
נשיא ארגון קפא"פ ישראל

Alfonso amico mio
congratulazioni per la pubblicazione del tuo libro sulle
Arti Marziali Israeliane Kapap Krav Magà
Moshe H. Galisko
Presidente KAPAP Israel

קפא"פ
קרב פנים אל פנים ישראלי
התאחדות קפא"פ הבינלאומי
י ש ר א ל

**קפא"פ**

קרב פנים אל פנים ישראלי

התאחדות קפא"פ הבינלאומי

י ש ר א ל

La **International Kapap Association** è un'organizzazione mondiale di **Kapap Krav Magà** , creata in Israele dal Grand Master Moshe Galisko **con sedi in Tutto il Mondo .**
In Sicilia a sede a Caltanissetta con Master Teacher Torregrossa c/o la asd Samurai Dojo - Martial Arts School
http://kapapisrael.com/PAGE4.asp

# IKA
## International Kapap Association
## Grand Master Moshe Galisko

# קפא"פ
## קרב פנים אל פנים ישראלי
### התאחדות קפא"פ הבינלאומי
#### י ש ר א ל

The Israeli Self Defense "Kapap - Krav Magà" have attracted an enormous following worldwide, especially in the Europe and Italy during the last 15 years. It is one of the most practical systems of self-defense available featuring a com- prehensive range of weaponry and sophi- sticated empty hand concepts. It embodies principles such as body angulation, positio- ning, zoning, speed and footwork in order to flow and adapt to the opponent. This allows the practitioner to fight armed or unarmed. He can adapt, since the princi- ples remain the same. My congratulation to my student Alfonso Torregrossa , Master Teacher in Sicily in his effort to share with Italians what he knows about Israeli Martial Arts. I Applaud and hope he continues his effort to accumulate experience and knowledge in this efficient, deadly and exciting martial art.

The **International Kapap Association** (Israel)
President & Chief instructor :
Mr Moshe H Galisko

# Alfonso Torregrossa

# Alfonso Torregrossa

Alfonso Torregrossa , nato nel 1971 a Caltanissetta , insegnante e studioso di arti marziali da oltre 40 anni, Educatore Sportivo , Docente Nazionale Csen, Life Coach , Consulente esperto in Scienze forensi investigative e criminologiche. Inizia lo studio delle arti marziali all'età di 4 anni praticando il Judo , per poi continuare gli studi con il Jujutsu, Aikido, Karate e Sistemi israeliani di autodifesa specializzandosi in Giappone , Israele e America . Apprezzato in Italia ed all'estero per l'efficacia delle sue tecniche e per la grande passione con cui trasmette quanto imparato .

In Italia è 7° dan Krav Magà Csen , Docente – Formatore e Responsabile Tecnico Nazionale del settore Israeli Kapap Krav Magà CSEN - Ente di promozione sportiva riconosciuto dal Coni e Master Teacher Kapap Krav Magà - Responsabile in Sicilia del Maestro Moshe Galisko .

Ha fatto la storia in Sicilia della Israel Self Defense nello specifico Krav Magà , Haganah e dopo Kapap . Apre il primo Centro Ufficiale a Caltanissetta nel cuore della Sicilia nel 1999 presso la Csks e in seguito alla Planet Gym. Nel 2010 apre il proprio centro tecnico presso la asd Samurai Dojo - scuola certificata csen e riconosciuta ufficialmente in Israele da Master Galisko, come unico centro di formazione e divulgazione del Krav Magà Kapap .

Dal 1997, sotto la guida di Eyal Yanilov, diventa il primo istruttore in Sicilia in Krav Magà. Sceglie di formarsi esclusivamente con i migliori istruttori del mondo tutti allievi del fondatore del Krav Magà , dal quale ha imparato e acquisito singolari competenze. Nel 1999 Raggiunge il 2° dan Presso la Akmda (USA) e apre i primi corsi in Sicilia .

**Lo stile insegnato dal Maestro Torregrossa inizia a diffondersi a macchia d'olio in tutta la Sicilia e giunge anche nella città di Palermo nel 2006 , e a seguire nelle altre città siciliane:**

**Catania, Agrigento , Siracusa, Ragusa e Trapani** . Nell'arco degli anni ha ricoperto molteplici ruoli tecnici nazionali, tra cui quello di docente di varie sigle ed Enti di Promozione Sportiva , effettuando continuamente seminari formativi e attività di addestramento per civili , militari e organi di Polizia in Italia e all'estero ( Spagna, Parigi , Inghilterra , Serbia , Giappone) . Tiene stage e seminari in tutta Europa, introducendo centinaia di persone al Krav Magà . Dirige personalmente tutti i corsi istruttori insegnando tecniche di combattimento corpo a corpo, anti aggressione ed anti stupro.

Durante il suo percorso di crescita incontra Moshe Galisko con il quale raggiunge subito una sincera intesa di amicizia e lealtà e intraprende così il proprio percorso formativo aprendo la formazione in Sicilia . Tutt'oggi Moshe Galisko è il suo Maestro .

In oltre 40 anni di pratica marziale il M° Torregrossa ha conseguito :

·7° dan Chief Master Teacher presso Collegio di Stato Israeliano ;
·Master Teacher in Kapap - International Kapap Association (Israele) ;
·Riconosciuto dal Ministero dello Sport Israele;
·Iscritto presso Albo Tecnico Nazionale Csen ;
·Esperto in metodologie di auto-protezione ;
·Master Teacher IPO International Police Organization;
·Consulente Esperto in Scienze Forensi, Criminologiche e Investigative;
·Riconosciuto dall'Albo Nazionale Professionisti;
-Technical Committee - The World Head Of Family Sokeship Council (USA)

Formazione in Giappone ogni anno dove raggiunge :
·7° dan Jujutsu Shihan – Daito Ryu Aikijujutsu Renshinkan (Giappone)
·5° dan Aikido Renshi – Dai Nippon Butokukia –(Giappone)
·3° dan Kyokushin Karate – World Zen Kyoksuhinkia (Giappone)

**Egli ha messo a disposizione i suoi anni di esperienza sul campo continuando a tenere corsi collettivi e privati per permettere a chiunque di conoscere la tecnica per la difesa personale .**

Oggi, dopo un ventennio di studio reale sulla Israel Self Defense, ha ritenuto opportuno il miglioramento del sistema israeliano adattandolo alle leggi italiane, infatti a differenza del sistema di difesa personale creato per le forze israeliane, dove molte tecniche non possono essere utilizzate da un comune cittadino per il semplice motivo che non si è in guerra ha strutturato i programmi sulla prevenzione del rischio e alla formazione Fisica, mentale e sull'autostima . Poiché Grazie alla prevenzione è possibile evitare inutili situazioni di rischio. La difesa personale deve quindi essere vista come uno standard di prevenzione al rischio.

# ISRAELI SELF DEFENSE
# Kapap
# CQB
# Close Quarter Battle

# Haviv Galisko (1930 – 2005)

Kapap (conosciuto anche come CQB-Close Quarter Battle ) è un acronimo in ebraico moderno che sta per Krav Panim el Panim קפ"פ, קפא"פ ("Panim" significa viso, faccia; inteso per combattimento "faccia a faccia").

Nell'IDF (Forze di Difesa Israeliane) le unità delle Forze Speciali hanno avuto il monopolio dell'Arte Marziale Israeliana, ed il Kapap era conosciuto negli anni settanta come Lochama Zehira (micro lotta) o Lotar.

Il Kapap non era solo un sistema, ma una miscela di rigorosi condizionamenti fisici, addestramento con armi da fuoco ed esplosivi, addestramento alla sopravvivenza, pronto soccorso avanzato e difesa personale. L'addestramento al combattimento a mani nude era una combinazione dei sistemi occidentali di combattimento come la boxe, la lotta greco-romana e l'addestramento militare britannico del coltello e del bastone. Il sistema includeva una varietà di tecniche militari di combattimento corpo a corpo con il nemico/aggressore disarmato o armato di pistole, fucili, mitra, coltelli ed ogni altro genere di armi portatili.

Fondatore della disciplina è stato l'israeliano Havi Galisko. attualmente porta avanti la tradizione il figlio Moshe Galisko, oggi massimo esperto mondiale della disciplina e attuale Presidente della International Kapap Association in Iraele .

Kapap non è né uno sport né è competitivo; non è nemmeno un'arte marziale. Kapap è un ottimo mezzo di autodifesa. Il guerriero Kapap è una macchina da combattimento veloce, precisa e letale. Kapap è reso adatto ai diversi livelli degli studenti: bambini, adolescenti, adulti, poliziotti, soldati, personale delle forze di sicurezza e delle forze armate e guardie del corpo. Ogni gruppo deve seguire e padroneggiare un programma specifico. Una persona Kapap non è un combattente (combattente competitivo); è letteralmente un guerriero (uomo di guerra).

È preparato per qualsiasi situazione contro qualsiasi tipo di arma. Saprà difendere se stesso e l'ambiente circostante da qualsiasi forma di attacco che metta in pericolo lui o il suo ambiente. Sarà in grado, se necessario, di utilizzare diversi tipi di armi e armi da fuoco. Lo farà con un'abilità eccellente. Fu solo nel 1999 che Kapap iniziò a insegnare in modo organizzato in Israele e fuori di esso. Questo è successo dopo molti anni in cui hanno dominato altri tipi di stili di combattimento, come: Krav maga ", karate e judo, istruiti in tutto il mondo principalmente ai fini delle competizioni sportive.

Queste arti marziali hanno perso il loro effetto di combattimento e sono diventate morbide al fine di soddisfare le esigenze di quelle competizioni. Kapap è tornato alla luce della terribile situazione di sicurezza e del crimine di strada che ha creato la necessità di vere tecniche di autodifesa. Gli istruttori Kapap in Israele oggi addestrano unità delle Forze di Difesa israeliane, diverse unità delle forze armate come Yamam e Shabaka e varie unità d'élite. Un guerriero Kapap sa che non potrà mai competere, mai ricevere una medaglia o un trofeo quando supera un avversario. Tuttavia, otterrà la sua vita che è la vera ricompensa.

GRAND MASTER MOSHE GALISKO

# MOSHE GALISKO
## KAPAP IKA

Moshe Galisko (direttore tecnico mondiale israeliano della Ika **Associazione Iternazionale Kapap**) , ha raggiunto il più alto grado di **Kapap** moderno e ha praticato arti marziali per oltre 50 anni. Insegna alll'élite militare e lavora con le agenzie antiterroristiche di tutto il mondo. Stimato e apprezzato in ogni parte del mondo per la sua serietà e bravura tecnica . Dopo suo padre, ha sviluppato uno stile moderno di Kapap in tutto il mondo. Capo istruttore dell'International Kapap Association, CEO della Israel and European Karate Organization (9 ° dan nello Shotokan Karate), capo del Martial Arts Center in Israele (Beer Sheva), ex allenatore dell'Israeli Special Forces team e professore di tattiche difensive del CQB.

La IKA Associazione internazionale Kapap è stata fondata nel 1999 dal defunto sig. Haviv Galisko insieme al figlio e successore Moshe-Hai Galisko. Il centro dell'associazione si trova nella città di Be'er Sheva, in Israele. L'associazione è registrata e il suo simbolo / logo è protetto da copyright. Tutti i membri dell'International Kapap Association sono ex militari e personale delle forze armate in Israele. L'associazione offre formazione su richiesta e in base alla popolazione (militare / civile). I membri dello staff ricoprono funzioni senior e alti gradi in varie arti marziali di diverse organizzazioni internazionali in tutto il mondo. L'associazione mantiene un costante contatto di lavoro con diverse associazioni e organizzazioni di arti marziali in tutto il mondo. L'associazione tiene corsi di formazione e seminari per varie unità militari dell'IDF, corsi per istruttori Kapap e studi avanzati sulle armi a freddo come: coltelli, karmbit, mazze e kubotan. In armi da fuoco come pistole e fucili. Tiene anche corsi di guida operativa, addestramento sul campo e sopravvivenza su terreni accidentati. Il presidente dell'associazione è il signor Moshe Galisko che segue le orme di suo padre, il defunto fondatore dell'associazione Haviv Galisko .

**Oggi il Kapap grazie a Galisko** si è diffuso in tutto il mondo poiché lui stesso si occupa della formazione tecnica degli Istruttori suddivisi in 4 livelli :

- Istruttori base - livello A
- Istruttori medio - livello B
- Istruttore avanzato livello C
- **Master Teachear – livello massimo**

In Italia si è diffuso notevolmente grazie alla collaborazione con diverse associazioni che hanno scelto una linea sicura e diretta con il Kapap sotto Galisko il quale coordina tutte le formazioni e certificazioni ufficiali riconosciuti dal ministero dello sport d' Israele.

*Grazie a Galisko , ci sono vari istruttori Autentici n Italia di livello a, b, c ma solo in 3 hanno raggiunto in Italia il massimo livello di Master Teacher tra i quali annovera il nome del Maestro Alfonso Torregrossa suo rappresentante in sicilia e i Maestri Alessandro del Pia e Luciano Luca Cipolletta .*

# Grand  Master Haim Zut 10° dan Krav Magà
# (1935 - 2020)

**Israel 12 May 2020**

*"Addio al più grande insegnante di Krav magà al mondo , allievo direttore del fondatore del Krav Magà Imi Lichtenfeld, tutto il mondo del Krav Magà in lutto".*

"Era un insegnante e un mentore per tutti Noi veterani del Krav Magà , e lo voglio ricordare con il suo più grande desiderio, che tutti i suoi allievi fossero principalmente brave persone e dopo grandi combattenti nella difesa del Krav Magà .

I suoi ricordi e il suo modus operanti  continueranno a sopravvivere e saranno la ragione per cui continueremo ad allenarci duramente e vivere la nostra vita al meglio".

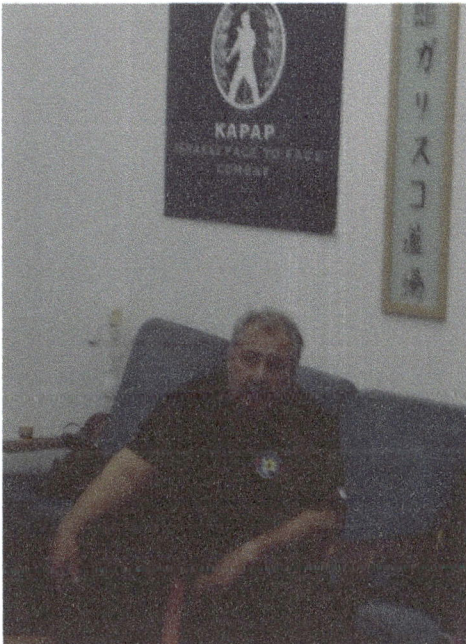

Emrich "Imre" Lichtenfeld
(Hebrew: אימריך "אימי" ליכטנפלד)
(May 26, 1910 – January 9, 1998)

Nacque a Budapest nel 1910 in una famiglia ebraico-ungherese ma crebbe a Presburgo (in ungherese: Pozsony, in slovacco: Bratislava). Fondamentale per l'educazione di Imi fu la figura del padre, Samuel Lichtenfeld, un acrobata circense esperto di lotta e sollevatore di pesi ed, in seguito, ispettore capo di un dipartimento investigativo della polizia.

In questo clima, sin da piccolo si mostrò una persona polivalente e, grazie al padre, Imi si appassionò all'arte circense (a 13 anni entrò a far parte di un circo itinerante), al nuoto e agli sport da combattimento, praticando boxe e wrestling, ove ottenne notevoli risultati (nel 1928 vinse il campionato giovanile di lotta libera in Cecoslovacchia e nel 1929 fu campione nazionale di lotta nella categoria Seniores e campione internazionale di pugilato). Esercitò anche ginnastica acrobatica, arti marziali come judo e jujitsu e partecipò a vari spettacoli teatrali, dedicandosi all'arte drammatica. Gli anni successivi furono un susseguirsi di successi sportivi che testimoniano la sua incredibile predisposizione per gli sport da combattimento, trovandosi ad affinare le sue tecniche di combattimento per le strade, infatti, assieme ad alcuni amici.

Negli anni trenta, le persecuzioni naziste contro gli ebrei di Bratislava imperversarono rapidamente e Imi Lichtenfeld, assieme ad altri lottatori della sua estrazione etnica, si impegnò nell'affrontare gli aggressori. Fu proprio questa esperienza a far capire ad Imi che la lotta di strada è una situazione ben diversa dal confronto sportivo e, in base alla pratica in queste circostanze, iniziò a sviluppare un proprio sistema di combattimento, adatto per affrontare i pericoli della vita quotidiana. Costituì anche un gruppo che si addestrava specificatamente a scontri con le bande sempre più numerose di antisemiti.

Imi, a seguito dell'occupazione nazista in Cecoslovacchia, per sfuggire all'olocausto fu costretto a fuggire assieme ad altri uomini lasciando Bratislava ed andando in Palestina (all'epoca sotto Mandato Britannico) nel 1940, dopo un viaggio molto travagliato (rischiò di perdere la vita per salvare alcune persone cadute dall'imbarcazione ed essa fu distrutta poi da forti correnti d'aria mentre si stava dirigendo a Creta).

Nel 1944 partecipò alla costituzione del neonato esercito israeliano, addestrando diverse unità di élite di Haganah e Palmach. Per oltre vent'anni mise a disposizione della forza di difesa israeliana la propria esperienza nel combattimento contribuendo a forgiare la leggenda delle unità speciali israeliane. Dopo anni passati al servizio dell'esercito si ritirò non rinunciando però a diffondere le tecniche apprese e raffinate negli anni.

Dopo la nascita dello stato di Israele nel 1948, divenne istruttore capo per l'addestramento fisico delle Forze di Difesa Israeliane. Proprio in questo periodo, Lichtenfeld, grazie alle sue esperienze di lotta maturate sia nelle competizioni sportive che per la strada, introdusse un sistema efficace e, allo stesso tempo, da apprendere in breve tempo: il **krav maga**.

Dopo essersi ritirato dal servizio militare nel 1964, Imi iniziò ad adattare il krav maga a metodo di difesa personale ed estendendolo anche alle forze di polizia e ai civili, a persone di ambo i sessi e di qualsiasi età. Per diffondere la sua disciplina, fece istituire due scuole a Tel Aviv e a Netanya, la città dove viveva.

Nel 1978 insieme a Barak Yehoshua, Zvi Morik, Raphy Elgrissi, Haim Zut, Eli Avikzar, Oskar Klein, e Miki Asulim fondano la **Federation for Krav-Maga and Self Defense – Imi's Method** dove Imi ha la carica di presidente, Barak Yehoshua di capo della Commissione Tecnica, Zvi Morik di Segretario. L'obiettivo della federazione era quello di promuovere la purezza del Krav-Maga e i suoi valori anche fuori Israele in maniera no-profit, apolitica e indipendente. Nel 1979 il nome della Federazione viene cambiato in **Israeli Krav-Maga Association** e ne facevano parte: Barak Yehoshua, Zvi Morik, Raphy Elgrissi, **Haim Zut**, Eli Avikzar, Oskar Klein, Yaron Lichtenstein, Miki Asulim, Richard Douieb, Haim Gidon, Eyal Yanilov, Kobi Lichtenstein, Gaby Noah, Eli Ben Ami, Avi Moyal, Darren Levine, Avi Avisadon, Uri Rafeli, Yoav Krayn. Rick Blitstein e Alan Feldman.

Fino agli ultimi giorni della sua vita Imi ha continuato a sviluppare le tecniche e i concetti del Krav-Maga, supervisionando il progresso di tutti gli Istruttori, perfezionandoli uno ad uno.

**Imi Lichtenfeld** muore il 9 Gennaio del 1998 all'età di 87 anni, mantenendo sempre alto il suo spirito e conservando il suo umore, sapendo che avrebbe lasciato un'eredità importante creando un sistema di difesa personale che sarebbe stato d'aiuto chiunque. **Fonte: (Wikipedia)**

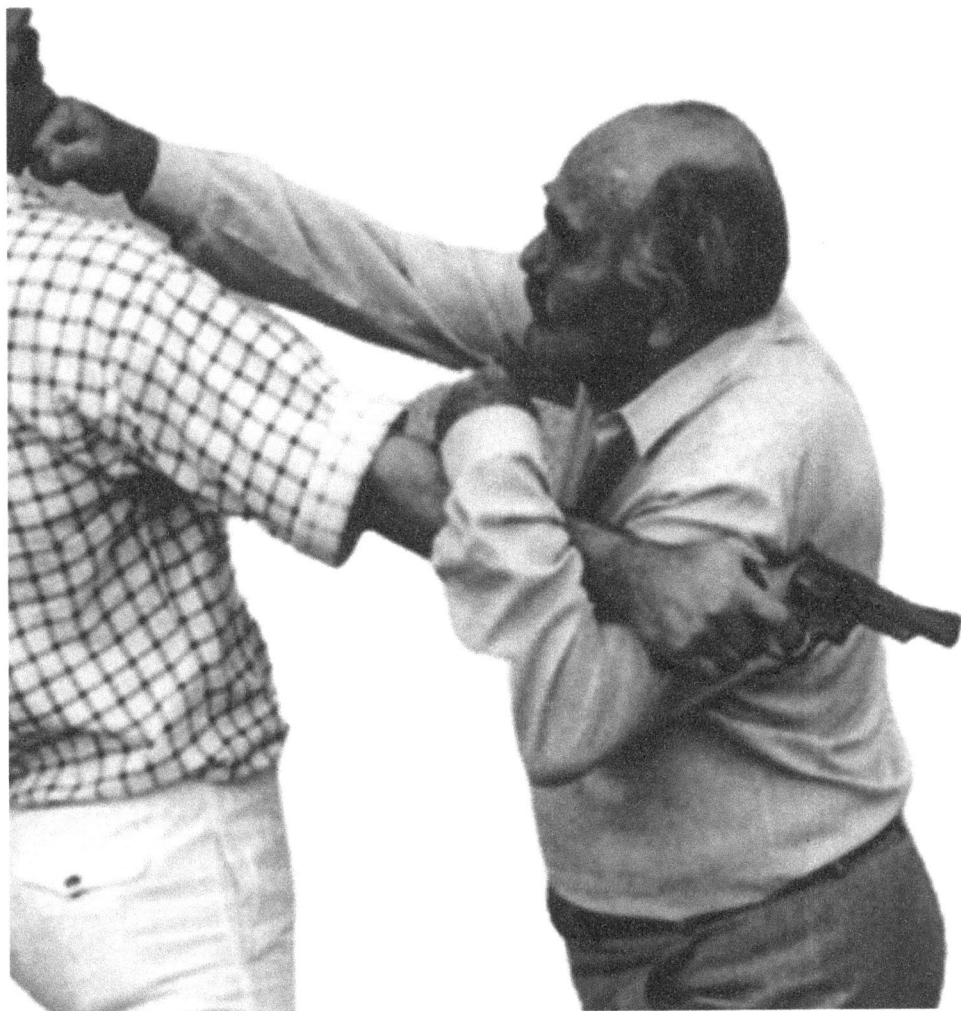

# Krav Maga (קרב מגע)

ISRAELI KRAV MAGA ASSOCIATION

# Il Krav Magà

È una disciplina nata per la Difesa Personale Reale , pratica, veloce da apprendere e versatile frutto di tentativi volti alla semplicità e all'immediatezza. Trae origine dagli sport da combattimento e arti marziali, evolvendosi nel tempo al passo con le esigenze. È stato ripulito da leve articolari e proiezioni, se non in rarissimi e particolari casi, poiché tali tecniche non si prestano ottimamente a reali situazioni di difesa personale. Inoltre a differenza delle arti marziali tradizionali soprattutto di matrice orientale, non associa oltre all'insegnamento delle tecniche la componente culturale e filosofica dell'etica, né include forme.

Comprende quindi una sintesi armonica di tecniche derivate dalle arti marziali, da sistemi di lotta a mani nude e dal sistema di close combat (combattimento ravvicinato) del Maggiore W.E. Fairbairn, metodo conosciuto col nome di Defendu. L'impostazione privilegiata prevede l'attacco a parti "sensibili" del corpo come occhi, gola o genitali, non ammesse nelle discipline sportive.

Questa impostazione, adatta ad ambienti ad alto rischio come i teatri operativi mediorientali, in Italia potrebbe essere fonte di problemi in situazioni di vita quotidiana: infatti l'approccio aggressivo e anticipatorio potrebbero portare a complicazioni di natura penale. Per questo, nell'ambito civile della difesa personale, il krav maga viene insegnato da istruttori esperti per essere usato solo in casi estremi di pericolo per la propria vita (violenza da strada, tentativi di stupro, aggressioni a mano armata, ecc.).

Puntando soprattutto a zone del corpo (genitali, carotide, occhi, ecc.) ritenute normalmente intoccabili per altri sport di contatto,ed essendo esso privo di ogni regola poiché studiato per difesa e scopi militari, il krav maga non può essere praticato in forma sportiva, come avviene per karate, taekwondo e altri.

A ciò si aggiunga la grande attenzione che riveste la preparazione per fronteggiare nemici armati, anche con armi da fuoco come pistole e fucili, per comprendere l'elevata specificità di impiego di questo sistema di combattimento, in cui lo scontro fra due avversari a mani nude è solo una delle possibilità.

A seconda delle scuole possono o meno esserci le cinture (non esiste un'uniformità nella scelta dei gradi e/o delle uniformi). Esistono versioni solo per i bambini, solo per le donne o versioni avanzate per gli operatori della sicurezza.

In alcuni paesi e alcune federazioni esso comprende anche l'insegnamento al poligono di tiro con arma lunga e corta e in assetto da combattimento, sempre comunque a fuoco vero. In Europa è giunto per la prima volta in Francia dopo il 1990, mentre in Italia è stato portato dopo l'anno 2000.

**I tratti che caratterizzano questo sistema** di combattimento derivano dalla sintesi delle più efficaci tecniche tratte dalle discipline di *Boxe*, *Wrestling*, Jujutsu , risultando in una singola e fluida disciplina militare che risalta il continuo movimento durante lo scontro, e unisce simultaneamente attacco e difesa in un contesto perfettamente dinamico.

L'etimologia del nome "Krav Maga", dall'ebraico: "*Combattimento a Contatto*", ne suggerisce i fondamenti basati sul controllo, sull'immediatezza e sul suo utilizzo all'interno di un contesto militare. La sua riconosciuta efficienza, semplicità e, quando richiesta, brutale efficacia hanno caratterizzato la sua rapida diffusione, nonché un particolare fascino proprio di questi tre aspetti.

# KRAV MAGA

## "YOU MUST BE SO GOOD THAT YOU DON'T NEED TO KILL"
### IMI LICHTENFELD

# Principi del Krav Maga di Imi Lichtenfeld

## Non fatevi male

Significa arrivare ad un alto livello di competenza nell'autodifesa. Comunque, se vi fate male, dovete sapere come sostenere l'attacco e come agire correttamente nelle nuove condizioni che si sono create.

## Siate modesti

Non vantatevi delle vostre capacità ed evitate i conflitti non necessari. Dominate il vostro ego e controllate il vostro stato mentale, in modo che non vi tradiscano durante un confronto. Siate pronti ad accettare le critiche e gli insegnamenti delle altre persone.

## Agite correttamente

Fate la cosa giusta, nel posto giusto, al momento giusto. Il vostro stato fisico e mentale danno indicazione alle vostre abilità per gestire un confronto fisico. Utilizzate appieno le vostre capacità, approfittate al massimo degli elementi e delle condizioni che prevalgono nel luogo dove vi trovate, in modo da affrontare la situazione efficacemente.

## Diventate esperti , così non dovrete uccidere

Il praticante esperto di Krav Maga non ha bisogno di infliggere danni fisici non necessari ai propri avversari ed è capace di terminare il confronto fisico in breve tempo ed in maniera efficace.

## Evitate i danni fisici

Calcolate attentamente i rischi di ogni specifica azione ed evitate il pericolo, se possibile.

**Le vostre azioni dovrebbero essere
principalmente basate sull'autodifesa;**

**il Krav Maga pone fortemente l'accento
sull'uso delle tecniche di difesa.**

# Difendetevi e contrattaccate nel modo
## più veloce e diretto possibile

da qualsiasi posizione di partenza, prendendo in considerazione la sicurezza e l'opportunità della vostra azione.

*Nel Krav Magà non ci sono regole, limitazioni tecniche o di correttezza sportiva.*

# Iniziamo il nostro viaggio

## l'arte della difesa Israeliana

Sappiamo bene che il Krav Maga, purtroppo è conosciuto perché usato dall'esercito israeliano nell'oppressione palestinese. Voglio sottolineare che sono contro ogni tipo di oppressione, **chi mi segue lo sa.**

In termini di autodifesa però può essere interessante che alcune tecniche siano rivisitate in modo appropriato affinché possano essere utilizzate dalle persone civili e possano essere utili per salvarsi la vita o salvare la vita di altre persone. Poi logicamente ogni persona deciderà di studiare la tecnica di autodifesa che ritiene più consona ai propri valori e al proprio carattere.

Il Krav Maga è nato come programma di addestramento accelerato per l'esercito israeliano. È una sintesi armonica di tecniche derivate dalle arti marziali, da sistemi di lotta a mani nude.

*Nel Krav-maga civile l'insegnamento di tecniche è sotteso non ad una vittoria sportiva, ma ad un discorso di autodifesa in situazioni di pericolo in cui nessun atto dell'aggressore è prevedibile e lo stress psico-fisico gioca un ruolo fondamentale.*

***Inoltre, poiché in una reazione ad aggressione il fattore tempo è determinante, si tratta di tecniche dirette, altamente offensive che mirano a concludere l'azione nel più breve tempo possibile.***

Nella vita non si sa mai cosa può succedere. Si sentono tanti episodi brutti (violenze sessuali, omicidi, furti violenti), ma spesso ci estraniamo come se fossimo in una bolla dove niente ci può tangere. Quindi se mai uno si dovesse trovare in una situazione di pericolo, se pratica Krav Maga o qualsiasi corso di difesa personale, può provare almeno a difendersi usando le tecniche imparate a lezione.

Il bello del Krav Maga è che è possibile **insegnare a chiunque a difendersi** al meglio. Si tratta di un allenamento adatto quindi per gli uomini e le donne di tutte le età, dai più giovani agli over 65, così come per i bambini piccoli e i ragazzini.

È un allenamento indicato per coloro che hanno già una buona forma fisica, come per coloro che invece non sono affatto allenati, nonché per chi ha problemi di deambulazione, malattie e simili.

Il Krav Maga è una **tecnica flessibile, che muta in base al soggetto**, all'aggressione, all'ambiente circostante. Adatta a tutti, è senza alcun dubbio una tecnica che dovrebbe essere scoperta per far sì che le aggressioni non comportino mai alcuna conseguenza negativa.

**"Sfruttando delle potenzialità che sono già insite in noi, come l'adrenalina – che ci permette di tirare fuori le unghie al momento giusto –** *Non di rado, infatti, dopo le mie lezioni, i miei allievi hanno sviluppato un lato completamente sconosciuto del loro carattere. Alcune sono riuscite a rispondere a tono al collega antipatico, altre sono riuscite a prevaricare sul marito : tutte, comunque, hanno iniziato ad ascoltare loro stesse e i loro bisogni.*

Sia chiaro: questi corsi non sono una ricetta e una risoluzione a tutto, mi spiego meglio, non sono la "verità assoluta", ma servono in primis per aiutare fisicamente e psicologicamente ad affrontare certe situazioni. Per quanto riguarda le donne c'è ancora timore verso il Krav Maga, perché lo si definisce uno sport da maschi, quando in realtà , le donne , sono quelle più soggette a rischio e quindi dovrebbero essere le prime a frequentare questi corsi. Non si dovrebbe categorizzarlo solo come sport, anche se c'è ovviamente una grande preparazione atletica dietro.

*Dubitate di chi vi vuole vendere un pacchetto di poche lezioni per diventare Wonder Woman o Superman. Per imparare a difendersi bisogna provare, riprovare, sbagliare, correggersi e migliorarsi sempre. Anche io , che pratico Krav Maga dal 1997 e arti marziali dal 1976 , sono sicuro che ho ancora molto da imparare.*

**Bisogna essere umili, perché la difesa personale non serve per l'ego di una persona, ma per sentirsi più sicuri.**

**Molte volte viene fatta questa domanda: va bene imparare le tecniche, ma siamo sicuri che, durante un'aggressione, si ci possa davvero difendersi?**

le verità assolute non esistono. Il fatto sicuro è che più si pratica e meglio è. È ovvio che un conto è allenarsi, provare in palestra (quindi un luogo sicuro) con i compagni di allenamento in modo molto amichevole e un conto è fuori per strada con persone sconosciute e che sicuramente vogliono farti del male.

Nell'ultimo caso subentrano tanti fattori: adrenalina, battito cardiaco accelerato, paura, bocca secca, la testa è meno lucida, le gambe possono tremare, la voce può non uscire. Il punto è che se uno ha un background di difesa personale è sicuramente più preparato sia fisicamente che psicologicamente rispetto a chi è digiuno di tutto ciò.

Slav Kravski - The Warrior

Con il krav maga ci si muove istintivamente, in un modo facilmente apprendibile da chiunque, per ovviare a **eventuali minacce esterne con un'arma** che, se sfruttata bene, può rivelarsi efficace e imprevedibile: l'**improvvisazione**.

Nel krav maga l'allenamento è importante, ma lo è ancor di più usare la testa: pensare, riflettere, agire. Le tecniche e gli stili messi a punto da Lichtenfeld e perfezionate negli anni dai principali rappresentanti di questo particolare metodo di **combattimento israeliano**, sono orientati alla persona media. Nel corso delle lezioni – generalmente un corso di krav maga prevede una sessione settimanale di due ore, tre sessioni per i praticanti più esperti – si insegnano tutte le possibili **reazioni difensive** a ogni possibile situazione di minaccia e di attacco esterno. Si fornisce all'allievo la possibilità di scegliere tra una gamma di tecniche utilizzabili, sfruttando le risorse più adatte per quelle che sono le proprie caratteristiche fisiche, le proprie capacità.

Ma nel corso dell'**allenamento krav maga** si lavora anche con particolari esercizi alla costruzione cardiovascolare, allo sviluppo muscolare, al miglioramento della flessibilità. Stretching, ma non solo: gli esercizi mirati, specifici per questa particolare forma di lotta, comprendono movimenti sviluppati per migliorare velocità, precisione, coordinamento, resistenza, forza e destrezza. Secondo i principi del krav maga, prevenire è meglio che curare o, se si preferisce, **la miglior forma di difesa è l'attacco**.

Ecco perché il krav maga **non è una forma di autodifesa** in senso stretto: a differenza di judo, karate, kung fu, tae kwon do ed altre discipline tradizionali, l'**arte marziale israeliana** incoraggia e stimola ad attaccare più che a rispondere passivamente agli attacchi altrui. Non bisogna attendere di essere assaliti per difendersi, insomma. Ma praticarla può essere anche un semplice metodo per mantenersi molto in forma, visto l'allenamento intenso necessario.

Principi e scopi del krav maga invitano a sviluppare le capacità utili a **difendere e attaccare nel minor tempo possibile**, a sfruttare i propri riflessi, a evitare lesioni, a **colpire i punti vulnerabili dell'avversario**, a usare tutto ciò che può essere utile nel corso del combattimento, dalle estremità del corpo agli oggetti di uso comune che si possono trovare a disposizione.

Le **tecniche del krav maga** invece **insegnano a difendersi** da calci, pugni, prese, attacchi multipli, attacchi con coltelli, mazze ed altre armi, tipiche situazioni che possono verificarsi **in caso di aggressioni isolate**, soprattutto con le **donne nelle vesti di vittime designate**.

Ma non solo. Nata in ambito militare, questa forma di lotta è naturalmente utile in situazioni specifiche per soldati o esponenti delle forze dell'ordine. Tra gli insegnamenti forniti, anche quello di riuscire a prevenire possibili fughe del proprio antagonista, oltre che – a sua volta – quello di riuscire a individuare in tempi rapidi una **efficace via di fuga**, utile a svignarsela qualora le cose dovessero mettersi male.

Insomma, è il krav maga l'**arte marziale più completa**? Probabilmente no, se si considera che il krav maga in realtà non è neppure un'arte marziale nel senso letterale del termine, non ha aspetti agonistici né tanto meno una federazione internazionale che organizza incontri e combattimenti. Il krav maga, però, è probabilmente la **disciplina più utile nelle situazioni di emergenza**, perché fornisce gli strumenti e le competenze utili a cavarsela sempre e comunque, in qualsiasi eventualità.

per entrare dentro al concetto di Krav Maga è necessario capire i particolari della disciplina: innanzitutto che si differenzia rispetto alle altre arti marziali **per la sua efficacia**, la sua velocità e al tempo stesso per la sua facilità.

Dobbiamo intenderlo, come una sorta di **'salvavita'** , veloce e immediato, nel caso si sia di fronte ad un problema di aggressione o ad una minaccia alla propria incolumità .

I fondamenti principali sono dei movimenti istintivi che attraverso linee diretta vanno a colpire alcuni punti sensibili nell'avversario.
Ad esempio, n*aso, occhi, gola, mento e altri*...

Il Krav Maga agisce quindi con la parte istintiva della nostra mente. Infatti, quando siamo sotto pressione, è l'istinto che comanda scelte e movimenti e con il Krav Maga si può imparare ad avere una reazione adeguata. Lo scopo è di stroncare l'aggressione sul nascere e poi andare via. Il problema deve essere risolto velocemente.

Viaggiando spesso per lavoro mi rendo conto che  c'è grande richiesta ed esigenza da parte di tutti e sopratutto dalle donne che vogliono imparare a difendersi.

*I fatti di cronaca infatti, purtroppo, ci parlano molto spesso di aggressioni a donne e ragazze .*

Nella giungla urbana è sempre più accentuato il senso di insicurezza per le categorie più fragili. Pensiamo a fatti che avvengono nelle strade, ma anche sui mezzi pubblici, nelle stazioni, nei parcheggi.

Non è solo un insieme di tecnica, il Krav Maga prevede didattica, principi, e una preparazione psicologica che prepari l'atteggiamento mentale giusto.

Chi conosce la difesa personale sa che per avere la massima efficacia in un colpo, deve andare a bersaglio su alcune zone sensibili del corpo umano.

Molte scuole di Jujutsu **( vedi il mio libro : Matsuda den Daito Ryu Aikijujutsu Renshinkan - su Amazon )** hanno custodito per secoli le loro scoperte sui punti vitali del corpo umano, che, se eseguiti con precisione e con la giusta pressione possono provocare dolore, temporanea paralisi, perdita di coscienza, lesioni permanenti o morte , dove si può ottenere con il minimo sforzo il massimo danno.

In realtà, questa conoscenza ha molteplici utilizzi. Fondamentalmente la teoria che ne sta alla base è la stessa su cui si fonda la medicina tradizionale cinese. Esistono particolari linee energetiche che attraversano il corpo, i meridiani. Lungo queste linee è possibile intervenire per sanare o modificare l'equilibrio energetico del corpo stesso. Questa conoscenza viene nell'agopuntura e nello shiatsu, per esempio, con il fine di curare i pazienti dalle più disparate malattie.

Non voglio entrare in una digressione filosofica sul concetto di energia (ki per il Giappone, qi per la Cina) e su come la si influenzi agendo sui punti vitali. Preferisco darvi una semplice lettura su base scientifica.

*In corrispondenza dei punti vitali che si trovano sui vari meridiani esistono aree del corpo umano dove i sistemi nervoso e circolatorio sono meno protetti. I nervi o i vasi sanguigni corrono più vicini alla superficie, oppure ci sono piccoli spazi fra i muscoli che permettono l'accesso alle zone interne del corpo. E' così che attraverso la pressione, la frizione o la percussione si riesce ad arrivare ad agire con grande efficacia.*

Nel nostro caso e in generale nelle arti marziali, quello che si cerca di ottenere è una o più reazione involontarie del corpo causandone la debilitazione. Per esempio, una rapida compressione dell'arteria carotidea (Stomaco-9 se si vuole indicare il punto di pressione nel modo tradizionale cinese) causa un repentino innalzamento della pressione sanguigna. La reazione immediata da parte del sistema nervoso è la sincope, come meccanismo di protezione.

**Un veloce colpo al collo quindi può portare allo svenimento dell'avversario.**
**Minimo sforzo, massimo risultato.**

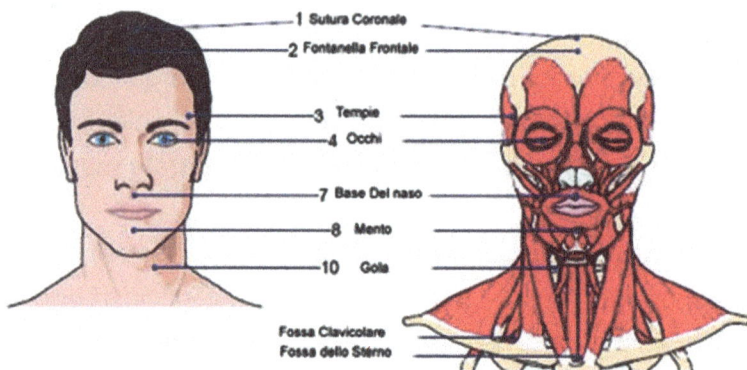

1 Sutura Coronale
2 Fontanella Frontale
3 Tempie
4 Occhi
7 Base Del naso
8 Mento
10 Gola
Fossa Clavicolare
Fossa dello Sterno

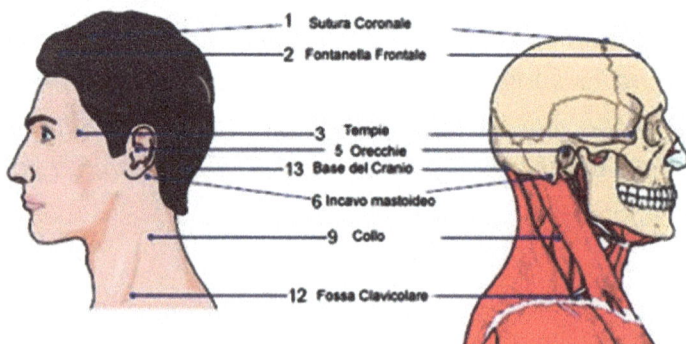

1 Sutura Coronale
2 Fontanella Frontale
3 Tempie
5 Orecchie
13 Base del Cranio
6 Incavo mastoideo
9 Collo
12 Fossa Clavicolare

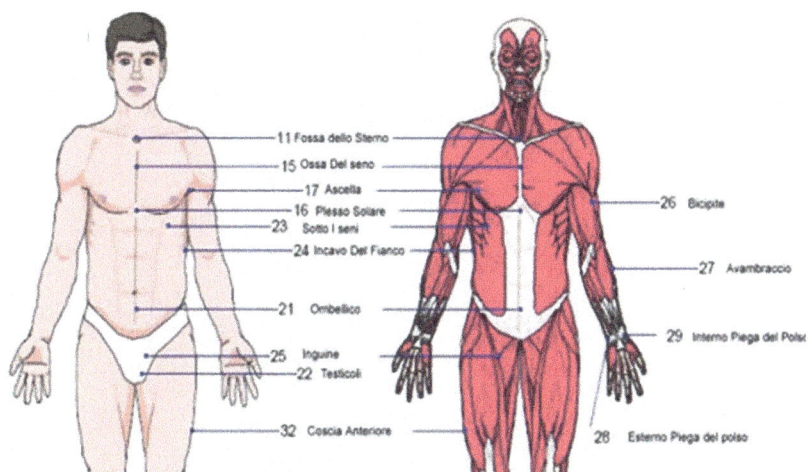

11 Fossa dello Sterno
15 Ossa Del seno
17 Ascella
16 Plesso Solare
23 Sotto I seni
24 Incavo Del Fianco
21 Ombelico
25 Inguine
22 Testicoli
32 Coscia Anteriore

26 Bicipite
27 Avambraccio
29 Interno Piega del Polso
28 Esterno Piega del polso

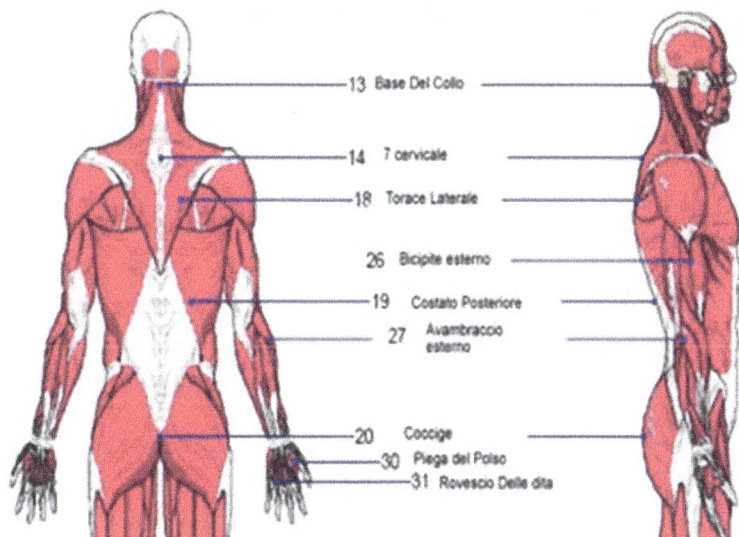

13 Base Del Collo
14 7 cervicale
18 Torace Laterale
26 Bicipite esterno
19 Costato Posteriore
27 Avambraccio esterno
20 Coccige
30 Piega del Polso
31 Rovescio Delle dita

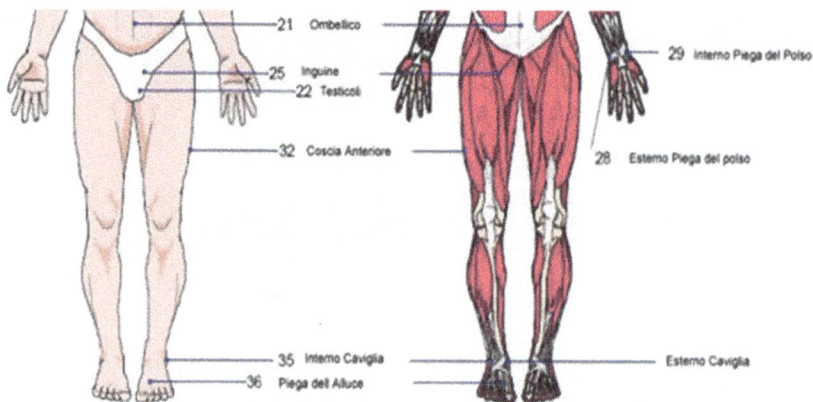

21   Ombelico

25   Inguine

22   Testicoli

29   Interno Piega del Polso

32   Coscia Anteriore

28   Esterno Piega del polso

35   Interno Caviglia

36   Piega dell'Alluce

Esterno Caviglia

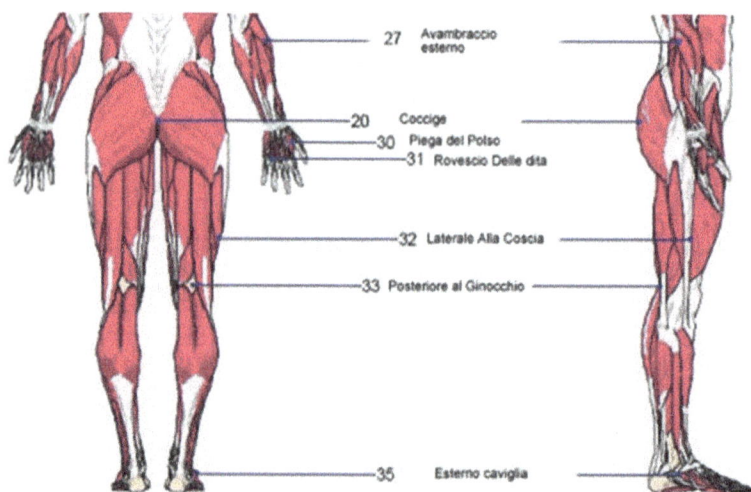

27   Avambraccio esterno

20   Coccige

30   Piega del Polso

31   Rovescio Delle dita

32   Laterale Alla Coscia

33   Posteriore al Ginocchio

35   Esterno caviglia

Non è facile sapersi comportare quando si subisce un'aggressione.

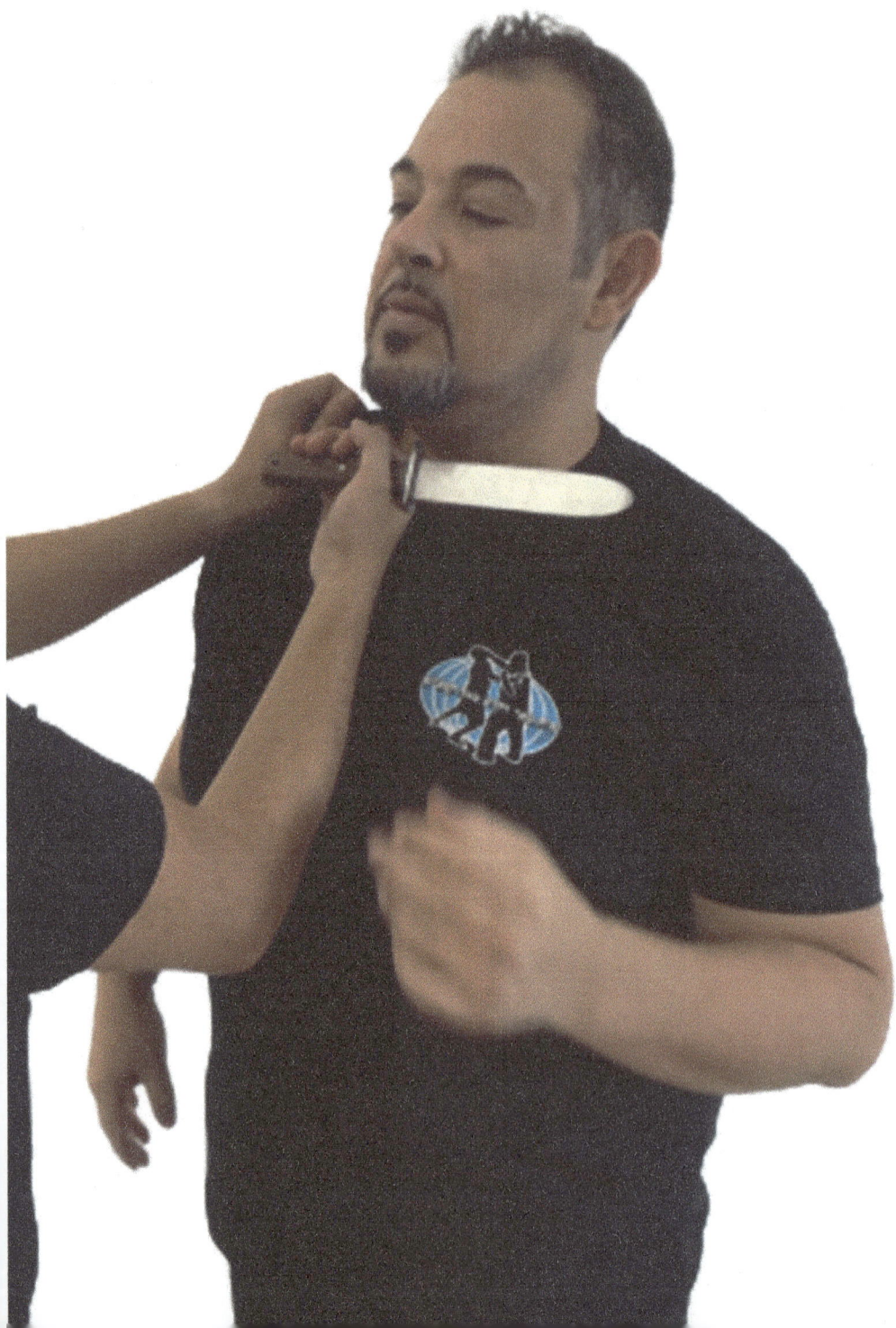

Generalmente si tratta di situazioni che ci colgono alla sprovvista e per questo non sappiamo come reagire. È proprio su questo che puntano molti malviventi: cogliere alla sprovvista. Agiscono velocemente e non ci lasciano il tempo di analizzare la situazione e scegliere il modo migliore di reagire.

Sono anche soliti mostrarsi molto aggressivi fin da subito. Non solo attaccano, ma aggrediscono con parole violente e minacciano la nostra integrità. Sanno che è il miglior modo per distruggere ogni possibile risorsa per resistere all'attacco.

Ciò che dobbiamo imparare a sviluppare è un controllo delle emozioni, della paura, evitare di entrare nel panico e perdere il controllo di se stessi. Non dobbiamo assolutamente divenire vittima del panico, ciò renderebbe inutile qualsiasi forma di difesa.

In qualsiasi tipo di circostanza vi troviate, avrete più possibilità di essere fortunati se manterrete la calma. Ricordatevi che l'aggressore metterà in gioco una buona dose di adrenalina e la vostra tranquillità lo aiuterà a sentire la situazione sotto controllo. In questo modo non commetterà una sciocchezza più grave.

**Il vostro principale obbiettivo dev'essere quello di sopravvivere ed evitare che vi causino danni fisici. Anche se l'aggressore è offensivo o violento, non dovete reagire.** Se lo farete, potrete esporvi a una situazione più grave che potreste non saper gestire.

Se vi hanno puntato un'arma addosso, non c'è nulla da fare. Obbedite a tutte le istruzioni del delinquente. Dategli ciò che avete senza opporre resistenza. Non parlate con l'aggressore. Non reagite, non parlate e rendetevi quasi invisibili. Non fate niente di ciò che l'aggressore non vi chieda e fategli capire che siete disposti a collaborare all'aggressione. Questo diminuirà la sua aggressività.

Cercate di catturare tutte le informazioni possibili. Se guarderete il delinquente dritto negli occhi, probabilmente lo irriterete. Cercate, quindi, di soffermarvi sulle caratteristiche del viso, sulle mani.

Fate attenzione al tono della sua voce, specialmente a caratteristiche particolari come una cadenza regionale particolare. Osservate i vestiti e fatevi un'idea generale dell'individuo: statura, età, etnia. Tutti questi dati saranno molto importanti nel momento in cui denuncerete l'aggressione.

Una volta che l'aggressione si sarà conclusa, non chiedete subito aiuto....non verrà nessuno ... Gridate al fuoco ! Chiamate qualcuno che conoscete e chiedetegli di accompagnarvi ai carabinieri per denunciare quanto avvenuto.

È importante che lo facciate immediatamente poiché il ricordo della situazione è fresco e questo vi permetterà di fornire tutte le informazioni possibili.

Queste situazioni generano traumi che potrebbero farvi sperimentare paura mentre camminate per strada o attivare una paura incosciente che può trasformarsi in insonnia, irritabilità,sofferenza ecc.

voglio ricordarvi che la vostra vita vale di più di qualsiasi cosa : collana, bracciale , borsa , soldi .

scegliere di difendersi durante una aggressione , senza aver maturato anni di esperienza con un Valido Istruttore alle spalle , non sarà una buona idea ! Cerca un valido Istruttore e inizia ad allenarti !

Devi essere in uno stato di vigilanza a tempo pieno e, soprattutto, dobbiamo essere attenti quando abbiamo un avversario davanti. Bisogna guardare la persona nella sua interezza, non su una particolare parte del corpo. In questo modo, saremo pronti a reagire all'attacco dell'avversario. Si tratta di uno stato d'animo, che non deve essere né troppo stretto e fissare l'altro, né troppo rilassato, perché le estremità non sono buoni, bisogna essere in centro, di mantenere un equilibrio.

**L'atteggiamento corretto dipende da una buona organizzazione interna del corpo che può essere acquisita solo mediante un esercizio prolungato e ben condotto.**

*Oggigiorno se ne sentono di tutti i colori.* **Intrusioni, rapine, aggressioni:** *crimini che trascinano persone innocenti nella violenza, eventi nel migliore dei casi restano solo un tentativo fallito, ma nel peggiore possono sfociare in un grave delitto. Il movente può essere la ricerca di soldi, sesso o un banale scontro per futili motivi ma il punto è che in giro ci sono molti soggetti pericolosi e* **tutti noi siamo vittime potenziali.**

A volte mostrarsi arrendevoli consente di uscirne illesi, in altre situazioni l'unica via di fuga passa attraverso la **dissuasione**. Pensa a un negoziante: intrappolato dietro il bancone non può scappare ma anche volendo resterebbe a difendere il frutto di anni e anni di sacrifici, contro ogni istinto di autoconservazione. Lo stesso vale per chi è aggredito in casa, magari mentre sta tranquillamente dormendo. È difficile restare fermi quando è in pericolo la vita dei propri figli! Con questo non vogliamo in alcun modo incitare a comportamenti sconsiderati, ma solo far luce sugli strumenti da difesa in commercio e su come usarli in alcune situazioni-limite.

**Quindi...**
**"è meglio giocare d'anticipo!"**

La prevenzione è la prima difesa

Passando in rassegna i fatti di cronaca, constatiamo che spesso le aggressioni avvengono in luoghi isolati, nei sottopassaggi, soprattutto in orari di scarsa circolazione pedonale, e nei luoghi limitrofi alle stazioni ferroviarie delle grandi città.

Ecco allora alcuni suggerimenti da mettere in pratica quotidianamente, che possono essere d'aiuto per evitare di essere vittime di aggressione. Alcune circostanze facilitanti, infatti, possono essere evitate così:

– Evitate di percorrere strade isolate e scegliete le vie o i marciapiedi più affollati, anche se il tragitto si allunga. Nelle ore notturne evitare le vie poco illuminate e, soprattutto da soli, non attraversare parchi e giardini;

– Uscite sempre con il cellulare pienamente carico, in modo da poterlo usare in un momento di emergenza. Nel caso usciate con il telefono parzialmente scarico, portate con voi il caricabatteria in modo da ricaricarlo appena possibile;

– Se state passando in zone 'a rischio' a piedi, tenetevi in contatto telefonico con qualcuno, o fingete di parlare con qualcuno al telefono, e ad alta voce dite cose come "sì, in questo momento sono in via XXXX";

– Sia soli che in compagnia evitate di sostare in luoghi appartati, soprattutto nelle ore notturne;

– Se viaggiate in bus di notte prenotare la fermata all'ultimo momento;

– Se avete fatto tardi fuori casa cercate, se possibile, di farvi accompagnare da qualcuno che conoscete bene. In ogni caso non fatevi mai accompagnare da sconosciuti, anche se si dimostrano particolarmente gentili e disponibili, preferite un taxi;

– Potete chiedere a chi vi accompagna in auto sotto casa di attendere qualche istante per vedere illuminarsi le finestre o di avere conferma dell'arrivo in casa dal citofono;

– Se avete parcheggiato l'auto in un luogo isolato, controllate bene che all'interno non sia salito qualche intruso, poi salite;

– Specialmente di notte mettete sempre la sicura alle portiere dell'auto, non aprite il finestrino per rispondere a richieste di informazioni o di aiuto se non in situazioni di evidente ed effettiva necessità, nel dubbio telefonare al 113 o al 112;

– Se vi accorgete di essere seguite in auto di sera non parcheggiate, ma dirigetevi subito verso la questura o una stazione dei carabinieri. Se siete a piedi evitate di rifugiarvi in luoghi bui o deserti (compreso l'androne di casa propria);

– Se siete soli, se è notte, o se vi trovate in luoghi isolati non offrite (e non chiedete) passaggi in auto a sconosciuti;

– Non rimanete in auto a motore spento sotto casa o sotto al posto di lavoro, nemmeno per cercare le chiavi, anzi è bene prepararle mentre si arriva, e averle pronte a disposizione, senza dover frugare nella borsetta, specie se di notte;

– Evitate di parcheggiare in box sotterranei di notte, meglio rischiare il furto dell'auto che un'aggressione;

– Non salite in ascensore da soli con estranei che vi insospettiscono;

– Fidatevi dei vostri presentimenti: l'istinto naturale di sopravvivenza può salvarvi.

## Se vi sentite seguiti :

1) dirigetevi verso la caserma o il commissariato più vicini oppure, se nella zona è presente, avvicinatevi ad un agente della forza pubblica;

2) oppure entrate nel primo negozio in cui siano presenti altre persone (bar, ristorante, etc.) e chiedete aiuto facendo chiamare un numero di emergenza;

**se vi trovate in un luogo isolato, chiamate un numero di pronto intervento (il 112 o il 113) dal vostro cellulare;**

*tenete presente che, anche se non possedete un cellulare, il fatto di portare all'orecchio un qualsiasi oggetto di piccole dimensioni può essere scambiato da lontano per un telefonino e mettere in fuga un eventuale aggressore;*

3) rientrate a casa soltanto quando siete sicuri di non essere più seguiti (un soggetto malintenzionato, una volta a conoscenza del vostro indirizzo,potrebbe aspettare il momento più opportuno per passare all'attacco); [

4) se rientrate sempre alla medesima ora, evitate di fare la stessa strada;

5) se tornate a casa la sera, a tarda ora, nei limiti del possibile, fatevi accompagnare da qualcuno.

6) se prendete un taxi, scendete con le chiavi in mano e chiedete all'autista di attendere fino a che non avrete varcato la soglia del portone;

7) se siete alla guida di un'auto, state il più possibile al centro della strada. Facendo così eviterete di essere affiancati e spinti verso l'esterno

La prevenzione dei reati necessita della collaborazione di tutti i cittadini che con le loro segnalazioni possono rendere più efficace e tempestivo il lavoro delle Forze di polizia.

Se assistete ad un reato richiedete prontamente l'intervento delle forze dell'ordine chiamando i numeri di emergenza (112 o 113), e fornite tutti iparticolari che avete notato.

Nel caso in cui vi capita di essere presenti nel momento in cui si verifica una rissa, chiamate un numero di emergenza (112 o 113) ed in attesa cercate di coinvolgere anche altri nella vostra attività di aiuto,perché la vostra mediazione potrebbe essere fraintesa.

Se subite un reato ricordatevi di presentare sempre denuncia, anche se può sembrare inutile e di scarsa importanza. Tenete sempre un inventario dei documenti e dei beni, soprattutto di quelli più preziosi (di cui è sempre bene avere una fotografia) o, comunque, più appetibili ai ladri.

In casi sospetti avvisate sempre le forze dell'ordine e ricordatevi che più siete precisi nel descrivere fatti, circostanze e particolari del vostro aggressore più aumenta la possibilità di individuare gli autori di un fatto e di impedire il verificarsi di nuovi reati.

Numero Unico Emergenza

Un buon corso di autodifesa femminile deve, in primo luogo, sviluppare quelle caratteristiche che la donna deve allenare per non essere vittima di violenza. Né sulla strada, né in famiglia, né da parte del suo partner: sono infatti drammaticamente frequenti i casi di abusi e violenze sulle donne, che a volte sfociano nell'omicidio. E anche quando non si arriva a questi punti, la donna è la prima vittima della violenza. Sia fisica, sia psicologica. La violenza fisica nasce, quasi sempre, come violenza psicologica. Prima di arrivare alle mani si inizia con le urla, gli insulti, le intimidazioni, le offese. Se la donna vittima di violenza non pone un chiaro argine a queste prevaricazioni, rischia di percorrere una china che la porterà all'ospedale. Se non al cimitero. Proprio per questo nei miei corsi miro a sviluppare grinta e autostima. Difficilmente un uomo che si trova di fronte una donna decisa, che non si fa sottomettere, troverà pane per i suoi denti"

La difesa personale è una filosofia più che una disciplina marziale adatta a tutti specialmente ai più deboli e alle vittime "predestinate" di questa società. Lo studio della stessa intende dare una conoscenza per evitare le violenze; innanzitutto con una grande attenzione agli atteggiamenti preventivi.

Per questi soggetti a rischio (parlo soprattutto delle donne, le più esposte alle violenze di tutti i giorni) imparare la filosofia e le tecniche della difesa personale non servirà soltanto nell'eventualità di una loro applicazione pratica: servirà soprattutto sotto il profilo psicologico; servirà a restituire quella tranquillità e quella fiducia in sé che sono il bene più prezioso (e più minacciato) per la stessa qualità della vita.

Durante questo studio legato alla pratica dell'Arte Marziale si ridurranno notevolmente quelle che sono le paure, l'insicurezza e la sfiducia in se stessi, e assieme gran parte dei potenziali rischi di subire un'aggressione.

*L' 80% della buona riuscita della difesa personale è l'atteggiamento mentale.*

*Le prime cose che insegno alle donne che vengono ai miei corsi, sono consigli per essere determinate nella voce, nei comportamenti, nella postura del corpo.*

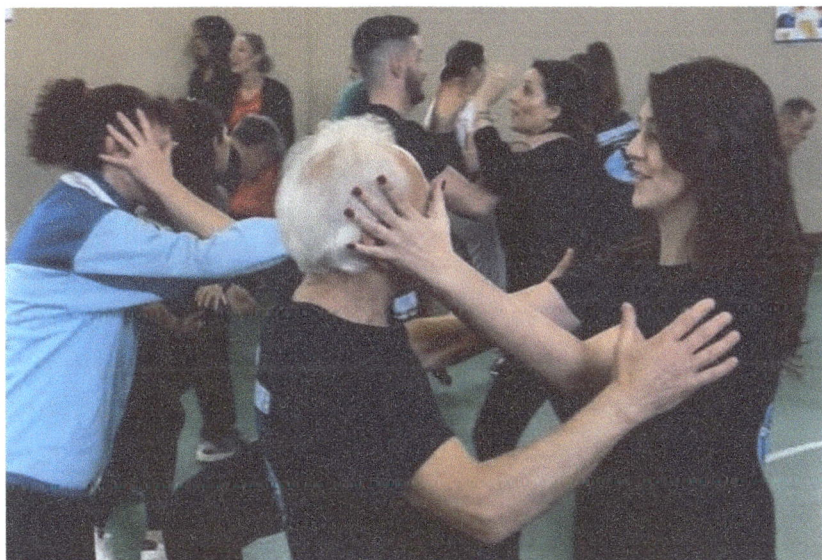

Anche chi ha un fisico non propriamente atletico e robusto può infatti difendersi efficacemente e mettere in fuga un aggressore: basta conoscere i suoi punti più vulnerabili e le mosse da eseguire per provocare dolore, stordimento, sorpresa.

ALCUNE FOTO DURANTE I MIEI CORSI A CALTANISSETTA
C/O IL CENTRO TECNICO DI KAPAP KRAV MAGA

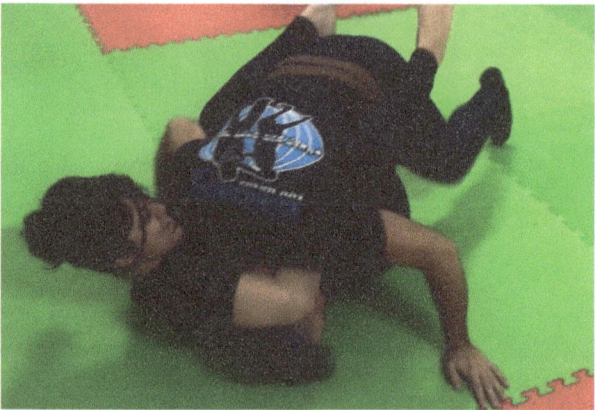

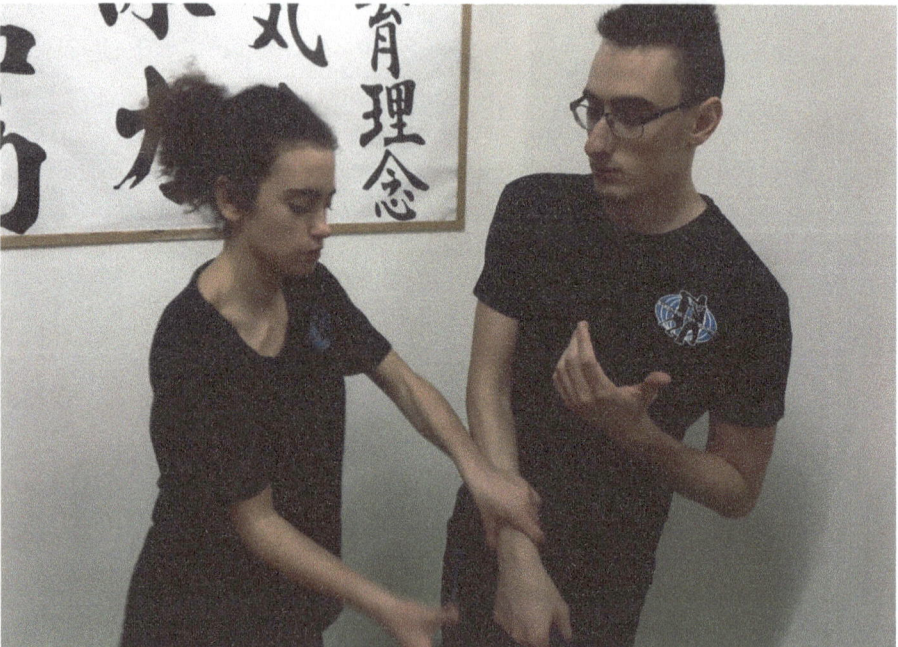

**TUTTI DEVONO POTER IMPARARE A DIFENDERSI**

קפא"ם

קפא"ם

*Tutto si costruisce, si conquista e per realizzare ogni cosa occorre impegno e dedizione, ma tutto questo non basta, occorrono metodi pratici per trasformare l'impegno quotidiano in risultati concreti*

MAESTRO FRANCO PENNA (CSEN )

STAGE NAZIONALE
ARTI MARZIALI

MARZIALI
sportivo
csen
NAZIONALE

www.csen.it

# Come realizzare i tuoi obiettivi affrontando le difficoltà

# Come realizzare i tuoi obiettivi affrontando le difficoltà

Se ripensi solo per un istante agli obiettivi più importanti che hai realizzato nella tua vita, ti renderai conto che non è stato l'obiettivo in sè a contare davvero. Ciò che ha contato davvero è stato **il percorso che hai fatto per raggiungerlo**. Quel percorso ti ha trasformato nella persona *degna* di quell'obiettivo. Questo vale negli ambiti più disparati:

• **Vuoi laurearti con il massimo dei voti**? Smettila di cercare le *scorciatoie* per superare gli esami alla bell'e meglio. Adotta un **metodo di studio efficace**, praticalo con costanza, e rafforza i tuoi "muscoli mentali". Nel mondo reale non gliene frega niente a nessuno del tuo pezzo di carta, quello che conta davvero è la tua capacità di apprendere velocemente qualsiasi argomento.

• **Vuoi fare soldi**? Scordati le *scorciatoie*: puoi avere fortuna una volta, magari anche due, ma non sarai mai in grado di replicare il tuo successo, o peggio ancora, avrai compromesso per sempre la tua reputazione. Devi innanzitutto comprendere quelli che sono i **principi base per fare soldi**, ed essere poi disposto ad affrontare, senza arrenderti, tutte le difficoltà che incontrerai nel tradurre le tue idee in realtà.

• **Vuoi tornare in forma**? Fan*?!-lo alle diete all'ultima moda o ai mirabolanti attrezzi di mediashopping che ti promettono di perdere peso senza sforzo. I fianchi stretti e gli addominali in bella vista sono solo un effetto collaterale: avere ogni volta la *determinazione* per fare quel dannato allenamento è la vera misura del tuo successo.

Tu cosa decidi, oggi, ora, in questo preciso istante? Vuoi continuare ad evitare le difficoltà o sei pronto ad *abbracciarle* per realizzare i tuoi obiettivi?

Difficoltà, problemi ed ostacoli non vanno certo ricercati con il lumino, ma rifuggirli è un errore ancor più grave.

La prossima volta che ti troverai ad affrontare un periodo difficile, un periodo in cui tutti i tuoi sforzi sembreranno essere vani, vorrei che ti ricordassi questa semplice storia: *la storia della farfalla.*

*Un giorno un contadino, riposandosi sotto un'ombra al termine di una giornata sfiancante, si accorse di un bozzolo di una farfalla. Il bozzolo era completamente chiuso ad eccezione di un piccolo buchino sulla parte anteriore. Incuriosito, il contadino osservò attraverso il piccolo buchino, riuscendo ad intravedere **la piccola farfalla che si dimenava con tutte le sue forze**. Il contadino osservò a lungo gli sforzi eroici dell'elegante bestiolina, ma per quanto la farfalla si sforzasse per uscire dal bozzolo, i progressi apparivano minimi. Così, il contadino, impietosito dall'impegno della piccola farfalla, tirò fuori un coltellino da lavoro e delicatamente allargò il buco del bozzolo, finché **la farfalla poté uscirne senza alcuno sforzo**.*

*A questo punto accadde qualcosa di strano. La piccola farfalla, aiutata ad uscire dal bozzolo, non aveva sviluppato muscoli abbastanza forti per potersi librare in aria. Nonostante i ripetuti tentativi, la fragile farfalla rimase a terra e riuscì a trascinarsi solo a pochi centimetri dal bozzolo, incapace di fare ciò per cui la natura l'aveva fatta nascere. Il contadino si accorse del grave errore fatto ed imparò una lezione che non dimenticò per il resto della sua vita:*

**"Attraverso le difficoltà la natura**
**ci rende più forti e degni di realizzare i nostri sogni."**

# Psicologia Della Difesa Personale

Francesco Picaro

Psicologo Formatore CSEN

Esperto in Comunicazione e Pedagogia

Francesco Picaro

Psicologo Formatore CSEN Esperto in Comunicazione e Pedagogia

## Psicologia Della Difesa Personale

Mai un binomio, quale Psicologia e Difesa Personale poteva essere così strettamente correlato, difatti tra questa scienza e quest'arte vi è una correlazione diretta (o positiva): alla variazione di un elemento interessa - in via diretta - anche l'altro. Più si accrescono le nostre facoltà mentali, più cresce e migliora la nostra performance in chiave di difesa personale. Inoltre, possiamo tracciare un continuum tra mente e difesa personale, quale res cogita res extensa, che inizia dalla pianificazione, all'organizzazione, per passare all'esecuzione e al controllo dell'atto tecnico che andiamo a compiere. Invero sono molte le strutture del sistema nervoso centrale che sono chiamate in causa quando dobbiamo trasferire un gesto tecnico da appreso sul tatami ad un contesto applicato con un aggressore non collaborativo.

## Un breve excursus psicofisiologico

Nel Telencefalo, troviamo la corteccia cerebrale, che si occupa di percezione e movimento, coinvolgendo anche i gangli di base. Il sistema limbico, si occupa di emozione, memoria ed apprendimento. Nel Diencefalo troviamo il talamo che funge da stazione di controllo per le informazioni motorie e sensoriali, mentre l'ipotalamo e l'ipofisi gestiscono i cosiddetti comportamenti istintivi e regolano la secrezioni di ormoni, il cervelletto si occupa della coordinazione del movimento. Nel tronco encefalico troviamo il Mesencefalo, deputato al movimento oculare ed alla coordinazione dei riflessi uditivi e visivi, il ponte di varolio gestisce il controllo del respiro oltre ad essere un ponte di passaggio a tutti gli effetti tra cervello e cervelletto. Il midollo allungato, si occupa delle funzioni viscerali; sono anche esse delle funzioni coinvolte nella difesa personale?

Francesco Picaro

Psicologo Formatore CSEN Esperto in Comunicazione e Pedagogia

La risposta sorprenderà molti ma è si, infatti, il cosiddetto "farsela sotto" in termini di minzione o defecazione non è altro che una risposta adattiva e funzionale, sicuramente primitiva, del nostro corpo, che avendo avvertito un forte pericolo, si toglie di dosso di tutti i pesi disfunzionali, per prepararsi al meglio ad una fuga.

Nella formazione reticolare vi è, fra le altre funzioni, la modulazione del dolore. Questa rapida panoramica ci mostra chiaramente quanto le funzioni della nostra mente sono direttamente coinvolte in una performance di self defence, per cui è giusto che un allenamento, come un corso, tenga in conto di poter allenare, oltre alle tecniche di difesa personale, anche parametri quali coordinazione, riflessi e comportamenti istintivi, secrezione di ormoni o meglio la loro gestione con ogni riferimento ad adrenalina e noradrenalina ma e soprattutto apprendere come questi mezzi chimici possano rapidamente cambiare in noi, determinando un cambio di approccio alla situazione di aggressione.

## Fight or Flight or...?

Spesso si sente parlare di questo paradigma nella difesa personale, ma in realtà F sono quattro. Freeze,Flight, Fight e Fright, ovvero come reagisce la mente ad un forte stress. Lo stress è una sindrome di adattamento a degli stressor, cioè quei fattori, eventi, sollecitazioni o situazioni che richiedono forti reazioni emotive e che se sono negative prendono il nome di stress.

Francesco Picaro

Psicologo Formatore CSEN Esperto in Comunicazione e Pedagogia

Ogni stressor, che perturba l'omeostasi dell'organismo, richiama immediatamente delle reazioni regolative neuropsichiche, emotive, locomotorie, ormonali ed immunologiche. Inoltre lo stress è da considerarsi come una funzione essenziale per il nostro organismo, in quanto ci permette di fare fronte alle pressioni e alle minacce esterne e quindi di adattarci all'ambiente circostante, tutto ciò è fondamentale per la sopravvivenza dell'essere umano. Da ciò premesso, possiamo dedurre che lo stress si manifesta nel momento in cui il nostro organismo deve rispondere a stimoli esterni. Questa risposta, consiste nell'attivazione dei sistemi psico-neuro-endocrini, che consentono di contrastare e così risolvere la situazione, al fine di evitare possibili conseguenze negative e permettere l'adattamento, nel caso in cui non sia possibile risolvere la situazione stressante.

Secondo Selye, la risposta neurovegetativa e corticosurrenale allo stimolo stressante è finalizzata alle mobilitazioni muscolari riassunto nell'atteggiamento lotta o fuga da qui fight-or-flight,dipendenti dalla capacità dell'individuo di saper affrontare o meno lo stesso stimolo.
In realtà, si è riconosciuto che oltre alla risposta attiva di lotta o fuga prevista da Selye, è possibile una risposta passiva che è stata osservata in studi sperimentali sugli animali, ovvero la risposta del congelamento iniziale ad una situazione ed una fase successiva di immobilità tonica.
Infatti le ultime ricerche svolte negli gli Stati Uniti oramai considerano pienamente le 4F, ovvero Freeze, Flight, Fight e Fright. Una sequenza coerente delle quattro risposte alla paura che si intensificano in funzione della vicinanza del pericolo, è stata ben stabilita dagli etologi studiando i primati non umani. La sequenza inizia con quello che gli etologi chiamano con la risposta Freeze, ovvero di congelamento,

Francesco Picaro

Psicologo Formatore CSEN Esperto in Comunicazione e Pedagogia

un termine corrispondente a ciò che i medici chiamano in genere uno stato di ipervigilanza o stato di guardia o allerta, che corrisponde ad una fase associata al "mi fermo, osservo e ascolto, associata alla paura".

Ad esempio, la preda che rimane letteralmente congelata in una situazione di pericolo, ha più probabilità di evitare la cattura, poiché la corteccia visiva e la retina dei mammiferi carnivori e misura minore anche dell'uomo sapiens, si sono evolute principalmente per rilevare oggetti in movimento. Questa risposta iniziale, è seguita da tentativi di fuggire, e successivamente da tentativi di combattere, in questo ordine Freeze, Flight e Fight. Successivamente vi è Fright, l'immobilità tonica già nota nella letteratura che veniva denominata come il "fingersi morto", la risposta difensiva dell' immobilità tonica avviene in tutti i mammiferi, come le altre risposte che la precedono. L'immobilità è la risposta più utile quando un organismo è più debole, più lento e quindi più vulnerabile rispetto al predatore. Immobilità tonica è quindi adatta quando non si scorgono alcune possibilità di fughe o di vittoria in uno scontro, questa risposta di sopravvivenza può essere la migliore spiegazione ad esempio al comportamento di persone vittime di violenza.

**Da un approccio Situazionale ad un approccio Globale, il Ninja Problem** Con il termine Ninja problem, ci si riferisce ad una modalità didattica molto diffusa nei corsi di difesa personale, ovvero l'iper contestualizzazione, nello specifico ci si concentra su un attacco focalizzandosi esclusivamente sul gesto, ignorando cosa ci sia stato prima e cosa ci sarà dopo. Facciamo un esempio, se in una lezione si studierà la difesa da attacco da pugno diretto, molto probabilmente in uno scontro per strada, questo pugno non si materializzerà dal nulla, proprio come farebbe un ninja, ma sarà l'effetto di un alterco, seguito da una serie di spintoni, che poi con tutta probabilità, degenereranno in un franco attacco .Per cui non ci si dovrebbe cristallizzare esclusivamente sulla tecnica da difesa, ma bisognerebbe studiare in modo globale la difesa personale,basandosi prima su una creazione di un protocollo comunicativo assertivo e di comportamento non verbale, per evitare di essere prevaricati e o per evitare di essere percepiti come potenziali prede, per poi studiare tecniche di de-escalation della violenza, per cercare in tutti i modi di abbassare i toni violenti, deviarli ed evitarli, successivamente dovrà essere posta attenzione sulla tecnica di difesa personale (il famoso attacco da pugno diretto) per terminare con lo studio del post fight ovvero come gestire una situazione del dopo scontro.

### Una Mente sempre Allenata

Altro elemento da considerare è la nostra preparazione mentale a compiere un' azione.

Il Mindset, elaborato dal tenente colonnello dei marines Jeff Cooper, ha stabilito un codice di colori che schematizzano gli stati mentali e gli atteggiamenti che portano un individuo ad affrontare un potenziale pericolo, secondo Cooper il codice si riferisce alle azioni che l'individuo dovrà intraprendere per risolvere una situazione potenzialmente pericolosa, passando da un livello all'altro della scala di colore. Gli stati mentali definiti da Cooper sono i seguenti: bianco, giallo, arancione, rosso, nero. Quando ci troviamo nel colore bianco, siamo in uno stato completamente rilassato, inconsapevoli e impreparati. Condizione tipica di chi si trova nella propria casa tranquillo oppure mentre si cammina per strada senza badare troppo all'ambiente circostante.

Si sa che la maggior parte delle aggressioni a scopo di rapina avviene con un minimo di osservazione preventiva da parte del criminale, osservazione volta a minimizzare i rischi tramite la scelta della vittima più vulnerabile, esattamente come abbiamo detto poc'anzi.

## Francesco Picaro
Psicologo Formatore CSEN Esperto in Comunicazione e Pedagogia

Quando ci troviamo nello stato afferente al color giallo, c'è una condizione di vigilanza e allerta a 360 gradi, senza che questa comporti la presenza di una qualsivoglia agitazione o paura paranoide. Non è presente alcuna minaccia specifica, ma ci si mantiene in uno stato di vigilanza attiva prestando attenzione all'ambiente, ai rumori e alle persone che sono nelle vicinanze. È la condizione mentale alla quale si accede appena si esce dalla porta di casa.

Nello stato mentale del colore arancione, vi è un allerta specifica. C'è qualcosa che non quadra e la vostra attenzione è concentrata su quella cosa. Qualcosa non va in una persona, in un oggetto o in una particolare situazione. Qualcosa potrebbe accadere. Si rileva una minaccia non specifica ma che richiama l'attenzione, in questa fase essere mentalmente preparati riduce lo stress al quale si sarà inevitabilmente sottoposti, anche se la situazione non dovesse rivelarsi conflittuale ed è proprio a questo punto che è fondamentale allontanarsi dalla situazione oppure prepararsi ad agire.

Nello stato mentale del colore rosso, il pericolo è imminente o altamente probabile e la minaccia prima ignota, si materializza, in questa fase è fondamentale già aver abbracciato l'idea di ricorrere ad una risposta fisica adeguata dato che il tempo di reazione sarà maggiore, se l'idea dello scontro non è stata ancora abbracciata.

Si rimane per cui in attesa dell'innesco o mental trigger, cioè di qualsiasi azione compiuta dalla parte avversa che ci porti ad attuare una difesa offensiva.

Nello stato del colore nero si sta combattendo per la vostra vita, non si torna indietro. L'unica preoccupazione deve essere quella di infliggere quanti più danni possibile alla vostra minaccia allo scopo di far cessare ogni sua azione ostile. L'unica cosa importante a questo punto è rimanere vivi.

Francesco Picaro

Psicologo Formatore CSEN Esperto in Comunicazione e Pedagogia

**Conoscenza, Abilità, Competenza e Consapevolezza**

A conclusione di questa rapida digressione sul ruolo della psicologia nella difesa personale non possiamo che ribadire quanto detto nell'incipit, ovvero che la mente si conferma la prima arma da schierare in una battaglia per la difesa personale, in quanto, se preparata, è in grado di predisporre strategie per evitare il conflitto, gestisce e controlla tutti i parametri dello scontro, se allenata è capace di modulare la risposta in accordo con le attuale leggi vigenti in materia.

Ognuno si iscrive in un corso di self defence con un proprio motivo del tutto personale. Si propone una scala di valutazione per i praticanti al fine di individuare la loro posizione lungo il percorso di apprendimento di un sistema di difesa personale o di un'arte marziale. Abbiamo una Conoscenza di una tecnica, quando abbiamo assimilato le informazioni inerenti alla pratica, ad esempio sappiamo ben applicare in un Dojo, in un contesto di lezione di arti marziali, con un setting ben specifico, su tatami, con il Maestro che sovraintende, con gli allievi tutti con la divisa e cintura ordinata per gradi, la tecnica da difesa da pugno diretto di cui sopra, ci si riferisce al Ninja Problem per cui ci si allena tante volte su una singola tecnica estrapolata da un contesto. Abbiamo un'Abilità quando alla conoscenza tecnica, abbiniamo le capacità di applicare gli apprendimenti per portare a termine compiti e risolvere problemi, le abilità sono descritte come cognitive (uso del pensiero logico, intuitivo e creativo) e pratiche (che implicano l'abilità manuale e l'uso di metodi, materiali, strumenti) per cui in questa fase, si è capaci sia di difendermi dal pugno diretto ma anche pensare di scappare, utilizzare l'ambiente a mio vantaggio, utilizzare oggetti situazionali per frapporli tra me e l'aggressore o per utilizzarli come armi di fortuna. Abbiamo una Competenza quando possediamo la capacità di usare in un determinato contesto conoscenze, abilità e capacità personali, sociali e/o metodologiche, in situazioni di difesa personale;

Francesco Picaro

Psicologo Formatore CSEN Esperto in Comunicazione e Pedagogia

il complesso delle competenze dà la padronanza in termini di autonomia e responsabilità. La competenza è la capacità di fra fronte a un compito, o a un insieme di compiti, riuscendo a mettere in moto e a orchestrare le proprie risorse interne, cognitive affettive e volitive, e a utilizzare quelle esterne disponibili in modo coerente. (Pellerey, 2001). Sembrerebbe questo l'ultimo gradino ed effettivamente la pedagogia e la scienza didattica sono d'accordo con questa classificazione ma assegniamo l'ultimo gradino del nostro percorso alla Consapevolezza. La Consapevolezza racchiude tutti i concetti finora espressi e li aumenta in termini di profondità. Questa parola denota un fenomeno estremamente intimo, e di importanza cardinale. Non è un superficiale essere informati, né un semplice sapere e si diparte anche dalla conoscenza, più intellettuale. La consapevolezza è una condizione in cui la cognizione di qualcosa si fa interiore, profonda, perfettamente armonizzata col resto della persona, in un uno coerente. È quel tipo di sapere che dà forma all'etica, alla condotta di vita, alla disciplina, rendendole autentiche. La consapevolezza non si può inculcare: non è un dato o una nozione. È la costruzione originale del proprio modo di rapportarsi col mondo - in quanto sapere identitario, davvero capace di elevare una persona al di sopra dell'ignoranza e della piana informazione. Per cui è necessario comprendere a fondo se stessi, il proprio carattere per esprimersi al meglio in un contesto marziale o di self defence, il motto socratico del "Conosci Te stesso" è sicuramente appropriato non dimenticando l'ultima virtù che ci posiziona sempre nel quadrante corretto nella vita come nelle arti marziali: l'equilibrio, un buon artista marziale dal maestro fino all'ultimo degli allievi deve necessariamente essere mentalmente equilibrato come ebbe a dire il Maestro Munemori:"

**Francesco Picaro**

Psicologo Formatore CSEN Esperto in Comunicazione e Pedagogia

Non ho imparato la Via per vincere gli altri, ma per vincere me stesso".
Questo vuol dire che noi, oggi , dobbiamo cercare di essere migliori di
ieri e domani, migliori di oggi. Giorno per giorno, bisogna camminare
nella Via, in un mondo senza confini.
Y Tsunetomo

**Francesco Picaro**
Psicologo Formatore CSEN
Esperto in Comunicazione e Pedagogia
Formatore in Kali Defence System e
Ju Jitsu Reality Based

# Credere in se stessi

*Credere in se stessi aumenta le possibilità di successo e può fare la differenza nella vita privata e in quella professionale*

*Credere in se stessi* è il primo passo verso il successo e la felicità. Per aumentare l'autostima e migliorare concretamente la capacità di riuscire e realizzarsi nella vita, è necessario adottare comportamenti diversi dal solito, liberandosi di schemi mentali e abitudini inefficaci.

Il Krav Maga prevede un allenamento **psicologico ed emotivo** importante. Possiamo affermare senza alcun tipo di remora che il 50% dell'allenamento consiste proprio in questo tipo di preparazione. È fondamentale infatti considerare che un'aggressione comporta **paura e stress**. Proprio per questo motivo è facile commettere degli errori, così come è facile sentirsi paralizzati e non riuscire a pensare con lucidità al da farsi.

Il Krav Maga vuole invece aiutare a **tenere sotto controllo** paura e stress, con la possibilità così di valutare con **lucidità** l'aggressione che si sta subendo. In questo modo si può rispondere all'aggressione con un comportamento adeguato.

Tutto questo è reso possibile dal fatto che il **Krav Maga** consente di accrescere la propria **autostima**. Allenamento dopo allenamento infatti si scopre di avere in sé le **potenzialità** di fare cose che non si credevano possibili, anche di mettere al tappeto più di un aggressore contemporaneamente oppure una persona che ha una corporatura nettamente più maestosa della nostra. Accrescendo la propria autostima, imparando a **credere in se stessi,** la paura scompare. Al suo posto resta la **determinazione** e la voglia di non soccombere mai sotto al peso di un'aggressione. Autostima, determinazione, lucidità e razionalità, tutto questo consente anche di riuscire a **valutare in modo corretto l'ambiente** circostante durante un'aggressione. Valutando l'ambiente circostante è possibile capire se ci sono delle **eventuali vie di fuga** che consentono di allontanarsi in fretta oppure se sono presenti degli **oggetti** che potrebbero essere utili per mettere ko l'avversario.

**"Forza, energia e consapevolezza di poter fare tutto da soli.** Grazie a questa disciplina, ognuno può ridefinire il proprio spazio vitale e difenderlo, impedendo di oltrepassarlo senza il suo permesso. Cambia la percezione del sé, ed è un cambiamento irreversibile.

**Nel coaching infatti, l'attacco fisico è una metafora per descrivere quello psicologico,** che forse resta il più pericoloso: allenare entrambi i meccanismi di difesa è la ricetta perfetta per un'autostima a trecentosessanta gradi.

*"E si rimarrà stupiti dalla propria capacità di reagire in situazioni in cui prima si tendeva a soccombere".*

Puoi accrescere le tue capacità e le tue certezze, che tu sia uomo, donna, bambino o anziano.
Insegnarti come comportarti e reagire ad ogni pericolo, per il tuo bene e quello di chi è con te in quel momento, è l'obiettivo di Ogni valido Istruttore (certificato con anni di esperienza ) !

Un buon corso di formazione sulla difesa personale, non ha solo la finalità di insegnare
a combattere ma è contestualmente finalizzato
a **renderci persone migliori**.

*Raggiungiamo i nostri obiettivi,*
*non quando evitiamo le difficoltà, ma quando*
*impariamo ad affrontarle*
*a faccia a faccia .*

Un giorno un contadino, riposandosi sotto un'ombra al termine di una giornata sfiancante, si accorse di un bozzolo di una farfalla. Il bozzolo era completamente chiuso ad eccezione di un piccolo buchino sulla parte anteriore. Incuriosito, il contadino osservò attraverso il piccolo buchino, riuscendo ad intravedere **la piccola farfalla che si dimenava con tutte le sue forze.**

Il contadino osservò a lungo gli sforzi eroici dell'elegante bestiolina, ma per quanto la farfalla si sforzasse per uscire dal bozzolo, i progressi apparivano minimi. Così, il contadino, impietosito dall'impegno della piccola farfalla, tirò fuori un coltellino da lavoro e delicatamente allargò il buco del bozzolo, finché **la farfalla poté uscirne senza alcuno sforzo.**

A questo punto accadde qualcosa di strano. La piccola farfalla, aiutata ad uscire dal bozzolo, non aveva sviluppato muscoli abbastanza forti per potersi librare in aria. Nonostante i ripetuti tentativi, la fragile farfalla rimase a terra e riuscì a trascinarsi solo a pochi centimetri dal bozzolo, incapace di fare ciò per cui la natura l'aveva fatta nascere.

Il contadino si accorse del grave errore fatto ed imparò una lezione che non dimenticò per il resto della sua vita:

**"Attraverso le difficoltà la natura ci rende più forti e degni di realizzare i nostri sogni."**

La difesa personale deve essere vista come una cultura di prevenzione adatta a tutti. Lo studio di un'arte di difesa prima di tutto intende dare fiducia in sé stessi ed una conoscenza dei rischi e delle violenze, l'atteggiamento di una coscienza preventiva di qualsiasi attacco.

L'attività di difesa personale parte da due filosofie essenziali:

* essere preparati

* serve solo per difesa e mai per offesa

Le tecniche di difesa personale si differenziano per due caratteristiche fondamentali:

* l'applicazione: devono cioè essere eseguite nel modo più efficace possibile, e soprattutto non ci sono esclusioni di colpi;

* la durata: mentre l'allenamento sportivo prepara l'atleta ad affrontare incontri molto lunghi, suddivisi magari in più round, quello di autodifesa prepara l'allievo ad affrontare scontri che magari possono durare pochi secondi. Lo scopo non è ovviamente quello di totalizzare più punti dell'avversario, ma quello di terminare lo scontro a proprio favore e nel più breve tempo possibile.

Le tecniche di difesa dalle aggressioni fisiche sono molteplici e variano da scuola a scuola. Tutte però hanno in comune la ricerca della semplicità di esecuzione e l'efficacia. È importante che una tecnica di difesa entri nella memoria fisica di chi la esegue, cioè deve essere eseguita spontaneamente; la tecnica non deve essere pensata, deve essere eseguita e basta, come se il corpo reagisse per istinto. Non esiste una tecnica in assoluto più efficace di altre, ma esiste una linea guida da seguire affinché la tecnica utilizzata lo possa diventare.

*Una persona fragile si smonta e si scoraggia rapidamente. Ha un carattere che si demoralizza e si smonta facilmente.* Preferisce non fare, per non prendere responsabilità.

Un soggetto fragile è uno che *si offende facilmente*. E' uno che si arrende alle difficoltà e il più delle volte, non porta a termine i suoi obiettivi.

*Ha una bassa autostima*, non crede in se stesso e si affida completamente agli altri. Ha alti e bassi dell'umore. Ora è tranquillo, fiducioso e sereno, ma dopo un po', o dopo uno sguardo poco rassicurante, rinuncia, si abbatte, sta male e gli crolla il morale a terra.

Non prende iniziative per la *paura di sbagliare.* I rimproveri scottano e gli fanno molto male. Evita accuratamente di essere rimproverato.

*E' suscettibile* e si sente attaccato direttamente. E'costantemente sulla difensiva. A volte può arrivare ad avere reazioni esagerate e ad attaccare l'interlocutore per un motivo banale, perché basta poco a ferire i suoi sentimenti.

La fragilità porta spesso ad un *basso controllo degli impulsi* e a esagerate e immediate reazioni ostili.

*Pensa che tutti l' hanno con lui,* che parlano male dietro e le attenzioni e le maldicenze sono sempre costantemente verso la sua persona. Si sente spesso fuori luogo, goffo e di peso. Squalificato e deriso. Non sa stare agli scherzi, perché lo fanno sentire inferiore. Appena può, fugge via.

**Questo è un problema che angoscia e addolora sia gli uomini che le donne, provocando lo sviluppo di sensi di inferiorità, timidezza,chiusura in se stessi, isolamento,esclusioni e convinzioni che gli altri ce l'hanno con loro, fino alla formazione di una personalità paranoica.**

Sicuramente è una personalità nevrotica. I conflitti interni sono profondamente nei nuclei profondi della personalità e provengono da un passato difficile.

Ha un carattere fragile perché in passato è stato spesso sminuito, preso in giro, deriso e beffato. Ogni cosa ricorda la sua mancanza di valore, la scarsa considerazione ricevuta e i rimproveri dei suoi genitori che non accettavano un figlio timido, inferiore, diverso e 'buono a nulla'.

Questa persona sente di non avere diritto di essere apprezzato e di essere amato, pur avendone un disperato bisogno.

Sfiducia, bassa autostima, timidezza e senso di fragilità significa isolamento, solitudine, mancanza di amore, sensazione di scarso valore e convinzioni che gli altri ce l' hanno con noi (Personalità evitante e paranoica).

***Questo problema se non viene curato, col tempo, tende ad aumentare non a diminuire.***

Infatti il rapporto con gli altri sarà sempre più difficile, perché aumenterà in modo insopportabile la sfiducia in se stessi e negli altri, fino al punto di sentirsi tranquilli solo quando si è soli e lontano dagli altri.

*Uno dei problemi più trascurati della fragilità caratteriale è costituito anche dalla convinzione della gente che queste persone sono dei deboli, che è colpa loro, che non ci mettono impegno e che sono degli incapaci. Insomma al danno anche la beffa.*

**Per andare fuori da questo pantano devi prendere consapevolezza del problema, portarlo dall' inconscio alla coscienza, prendere alcuni accorgimenti e sviluppare nuove capacità.**

Il motivo per cui fino ad ora non sei riuscito a sbarazzarti della insicurezza caratteriale nel corso degli anni è che stai adottando metodologie rivolte solo alla difesa e che continui a cercare chi incolpare (te stesso o gli altri) di questi problemi.

קפא"פ
קרב פנים אל פנים ישראלי
התאחדות קפא"פ הבינלאומי
י ש ר א ל

# IMPARA A DIFENDERTI
# CON BUON SENSO

# Tecniche

*Ora che sai come tutto è iniziato, ecco i principi tecnici fondamentali del Krav Maga e Kapap :*

## Neutralizzare la minaccia

Questo principio agisce come il principio "ombrello" per tutti gli altri principi ed è qualcosa che incontrerai di volta in volta durante la tua pratica. È fondamentale notare che l'obiettivo principale del Krav Maga è quello di neutralizzare la minaccia/attaccante il più velocemente possibile.

Il Krav Maga non è uno sport, quindi non c'è competizione e non ci sono regole così tante cose vanno bene. Sei incoraggiato a controllare e neutralizzare il tuo avversario con tutti i mezzi necessari per evitare danni o lesioni a te stesso. Questo significa che quando si tratta di spingere per spingere, è necessario fare tutto il possibile per sopravvivere – l'efficienza brutale è l'unica preoccupazione.

## "Keep it simple"

A differenza di molte arti marziali dove ci sono strutture o modelli di movimenti rigorosi, il Krav Maga si concentra solo tre semplici mosse: attacchi, prese e blocchi.

Il Krav Maga richiede anche che il suo praticante lavori dall'istinto piuttosto che da una routine prestabilita. È stato creato con l'efficacia e l'efficienza in mente in modo da permetterti di usare qualsiasi mossa che pensi di 'ottenere rapidamente il lavoro fatto'.

## Retzev (movimento continuo)

Retzev, la parola ebraica per 'movimento continuo', in questo caso, si traduce in 'esplosione di violenza'.

L'obiettivo è quello di conquistare l'attaccante con una serie continua di movimenti aggressivi e offensivi, permettendo all'operatore di utilizzare qualsiasi sequenza di mosse a seconda della situazione e/o dell'attacco effettuato.

## Difesa e attacco simultanei

Anche se molte discipline percepiscono i momenti difensivi e offensivi come azioni separate, il Krav Maga richiede combinazioni di attacchi difensivi e offensivi simultanei. Usando mosse difensive e offensive insieme, si può neutralizzare l'attaccante in modo più efficace. I praticanti sono anche incoraggiati ad "ascoltare" e utilizzare i riflessi naturali del corpo. Questa libertà di improvvisare permette un rapido adattamento a qualsiasi situazione.

## Concentrarsi sui punti vulnerabili del corpo

È cruciale per un praticante del Krav Maga padroneggiare la posizione dei punti vulnerabili dei tessuti molli e dei punti di pressione. Questo perché quando questi punti sono colpiti, può rapidamente rendere l'attaccante impotente nelle situazioni di vita, il Krav Maga sottolinea che non c'è bisogno di etichette quando la tua vita è in gioco. Quindi, incorporando mosse "grossolane" o "cruente", come sgorbi oculari, attacchi inguine e colpi alla gola sono mosse ben accettate nel Krav Maga.

## Sfruttare le armi o qualsiasi oggetto nelle vicinanze

Oltre alle mosse fisiche, agli studenti del Krav Maga viene insegnato ad usare correttamente le armi (pistole e coltelli) per difendersi da un attaccante. Il Krav Maga insegna anche ai suoi praticanti ad usare qualsiasi oggetto alla loro portata come arma durante un combattimento. Questo significa che bastoni, chiavi, o praticamente tutto quello che si può mettere le mani su cui si può danneggiare l'attaccante, dovrebbero essere sfruttati.

# Abbigliamento

Maglia e pantalone , oppure si può utilizzare il Judogi, poiché il fondatore del Krav Magà praticò per lungo tempo il Jujutsu e Judo e per rispetto della tradizione indossava il Judogi .

Altra caratteristica: normalmente si usano le scarpe durante gli allenamenti in palestra , ma poiché sono un Budoka per me salire su un tatami con le scarpe è una offesa alla tradizione per cui anche durante le foto ho lavorato a piedi nudi .

# ATTENZIONE ALL'ECCESSO
# DI LEGITTIMA DIFESA !

Essere capaci di utilizzare tecniche di Krava Maga non presuppone che queste debbano essere necessariamente utilizzate,se non si ha motivo di reagire in modo offensivo.
In conclusione si può affermare che non si insegna la violenza, ma si insegna a reagire ad un atto di violenza.

# Aspetti legali dell'autodifesa

Esiste un DIRITTO ALLA DIFESA LEGITTIMA, ma i limiti sono strettissimi e bisogna conoscerli bene, per ridurre al minimo la probabilità di essere giudicati punibili per averli oltrepassati.

## Difesa legittima (art. 52 c.p.)

"Non è punibile chi ha commesso il fatto per esservi costretto dalla necessità di difendere un diritto proprio od altrui contro il pericolo attuale di un offesa ingiusta, sempre che la difesa sia proporzionata all'offesa [...]"

### Principi fondamentali della DIFESA LEGITTIMA:

**PERICOLO ATTUALE**, immediato: si è arrivati ad un punto in cui non è più possibile sottrarsi alla situazione di pericolo;

**AGGRESSIONE INGIUSTA**: qualcuno viola un nostro diritto creando la situazione di pericolo;

**PROPORZIONALITA'**: la difesa deve essere proporzionata all'offesa. Si deve quindi usare una risposta ragionevole e proporzionale alla minaccia subita. Nella realtà questo principio non considera il fatto che spesso per fronteggiare un'aggressione violenta, l'unico modo per salvarsi è quello di attuare un attacco ancora più aggressivo e determinato. Ma il principio legale è questo e bisogna conoscerlo bene perchè, nel caso, si verrà chiamati a dimostrare di averlo rispettato.

## Eccesso colposo (art. 55 c.p.)

"Quando, nel commettere alcuno dei fatti preveduti dagli articoli 51, 52, 53, 54, si eccedono colposamente i limiti stabiliti dalla Legge o dall'Autorità ovvero imposti dalla necessità, si applicano le disposizioni concernenti i delitti colposi, se il fatto è preveduto dalla legge come delitto colposo."

Quando un individuo va oltre a quello che è considerato il diritto all'autodifesa, per un errore di valutazione (ad esempio perchè crede che l'altro stia per afferrare un'arma) o per imperizia, rischia di commettere un reato a tutti gli effetti, rientrante nella categoria dei "DELITTI CONTRO LA PERSONA" trattati da un sistema di norme all'interno del Codice Penale, che hanno l'obbiettivo primario di tutelare il bene della vita e dell'incolumità fisica.

### Percosse (art. 581 c.p.)

"Chiunque percuote taluno, se dal fatto non deriva una malattia nel corpo o nella mente, è punito a querela della persona offesa, con la reclusione fino a sei mesi o con la multa fino a €309[...]"

### Lesione personale (art. 582 c.p.)

"Chiunque cagiona ad alcuno una lesione personale, dalla quale deriva una malattia nel corpo o nella mente, è punito con la reclusione da tre mesi a tre anni. Se la malattia ha una durata non superiore ai venti giorni, e non concorre alcuna delle circostanze aggravanti previste dagli articoli 583 e 585, ad eccezione di quelle indicate nel numero 1 e nell'ultima parte dell'articolo 577, il delitto e punibile a querela della persona offesa."

### Rissa (art. 588 c.p.)

"Chiunque partecipa ad una rissa è punito con una multa fino a €309,00. Se nella rissa taluno rimane ucciso, o riporta lesione personale la pena, per il solo fatto della partecipazione alla rissa, è la reclusione da tre mesi a cinque anni. La stessa pena si applica se la uccisione, o la lesione, avviene immediatamente dopo la rissa e in conseguenza di essa."

### Omicidio Colposo (art. 589 c.p.)

"Chiunque cagiona la morte di una persona è punito con la reclusione da sei mesi a cinque anni [...]. Nel caso di morte di più persone, ovvero e di lesioni di una o più persone si applica la pena che dovrebbe infliggersi per la più grave delle violazioni commesse aumentata fino al triplo, ma non può superare gli anni quindici."

# La Guardia

**La Guardia**, nel Krav Maga, è la base per iniziare a proteggersi in caso di aggressione. Semplice, ed al contempo estremamente efficace, deve trasmettere al nostro aggressore la sensazione di averci sottomesso senza rendersi conto che, al contrario, lo stiamo controllando. Apparendo inoffensivi agirà psicologicamente sull'aggressore che tenderà, di conseguenza, ad abbassare la sua soglia di violenza e attenzione. *La guardia è soprattutto la capacità di attivare uno stato di "allerta mentale" quando necessario.*

*Per quanto ripugnante possa essere, sul piano morale e su quello strettamente fisico, salvare la vostra vita può dover significare mettere in pericolo un'altra vita: un colpo fortissimo alla tempia, o fra gli occhi sopra il setto nasale, o all'occipite.*

Occorre quindi evitare nel modo più assoluto, se non in casi disperati, di colpire quei punti che sono stati indicati come mortali. E comunque va tenuto presente che in genere provocare una frattura (ad esempio al naso, alla rotula, alle dita) è piuttosto facile, non ha conseguenze letali e procura un dolore immediato, molto forte, tale da ridurre all'impotenza

*Non è affatto detto che un colpo sia sempre la reazione più efficace (l'aggressore può essere protetto dai vestiti o dalla propria massa adiposa, siete in una posizione particolarmente infelice, ecc.), quindi non sottovalutate minimamente la possibilità di ricorrere ad altri modi che magari a prima vista possono sembrare un po' elementari o troppo cruenti: afferrare i capelli, storcere un dito, graffiare, stringere i genitali, premere le dita sugli occhi, mordere una mano, sono sistemi semplicissimi e di grande efficacia, basta usarli - se mi è consentita l'espressione - senza troppi scrupoli.*

# possiamo suddividere le zone sensibili presenti nel corpo umano in due grandi gruppi:

## ZONE INCAPACITANTI
occhi, gola, nuca, naso, organi interni, reni e genitali.

## ZONE POTENZIALMENTE MORTALI
cuore, polmoni, cervello e parte del midollo spinale.

Osserviamo ad esempio cosa accade al corpo umano quando vengono colpiti due punti vitali di estrema importanza:

**Colpire gli occhi è efficace** perché le cornee sono vulnerabili ad attacchi di qualsiasi natura e l'osso posteriore ad esse (lo sfenoide) è estremamente sottile, quindi incapace di creare una vera barriera al raggiungimento del cervello.

## Il colpo di palmo

Questo tipo di colpo deve essere sferrato con una traiettoria diretta, ma per risultare efficace è necessario che segua un'angolazione ben precisa.

Quando viene indirizzato verso il mento ha lo scopo di stordire l'avversario per proseguire con una serie di attacchi o per allontanarsi dalla situazione di pericolo.

Percuotere la carotide può causare svenimento o la rottura delle prime vertebre del collo. La trache è uno dei **punti deboli del corpo umano** e va trattato di conseguenza. Anche un leggero pugno alla trachea può causare la rottura della laringe e causare soffocamento. *Colpisci quest'area solo come ultima risorsa e sii consapevole delle conseguenze.*

**Percuotere la carotide può causare svenimento o la rottura delle prime vertebre del collo.**

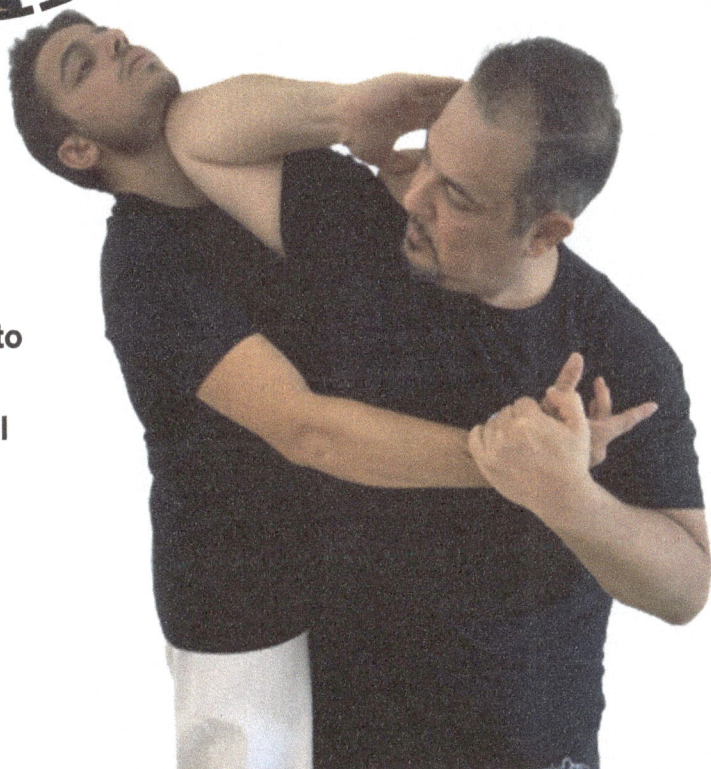

*Testate e morsi sono delle tecniche che possono risultare utili in alcune situazioni particolarmente drammatiche.*

*Sicuramente non possono essere adottate come strategia principale, ma al massimo, come ultima opzione per salvarsi la vita.*

# ATTACCO CON PUGNO

I pugno è senz'altro il modo migliore per portare un colpo, ma è necessario imparare molto bene il modo giusto con cui usarlo.

Nel chiuderlo con forza dovete posizionare correttamente il pollice, che andrà a bloccare indice e medio, e non dovrà mai essere racchiuso all'interno del pugno stesso o sporgere in avanti, altrimenti la forza del colpo sarà quasi annullata e vi farete sicuramente male.

Al momento dell'impatto avambraccio, dorso della mano e nocche dovranno trovarsi in linea retta, sia perché così eviterete di slogarvi il polso sia perché diversamente il colpo avrebbe un'efficacia minima; per analoghe ragioni il braccio dovrà, possibilmente, essere completamente disteso e con tutti i muscoli contratti (che dovrete invece imparare a tenere rilassati fino all'ultimo istante).

Nel pugno, come negli altri colpi, si dovrà tendere a colpire non con tutta la parte del corpo, ma facendo in modo che l'obiettivo venga toccato da una minima superficie: infatti, quanto più piccola questa sarà, maggiore sarà la potenza che si concentrerà in essa, cioè tutta la vostra forza si scaricherà, senza disperdersi, in uno spazio ridottissimo. È una legge fisica elementare che ben intuì chi costruì la prima freccia.

Altro elemento importante è costituito dalla forza che sarete riuscite a immagazzinare al momento del colpo: dovrete "caricare" il pugno, cioè farlo partire dalla massima distanza rispetto al corpo dell'altro, badando che questa preparazione non sia troppo lenta e plateale, ciò che consentirebbe all'altro di capire con ampio anticipo le vostre intenzioni. L'ideale, poi, sarebbe che il pugno partisse col dorso rivolto verso il basso e compisse una fulminea rotazione solo un attimo prima dell'impatto, ottenendo così maggior effetto proprio in virtù di questa veloce torsione. E ancora: appena portato a segno il colpo, il pugno non deve "fermarsi" sul punto che ha raggiunto, ma tornare indietro con la stessa rapidità con cui ha colpito; l'efficacia sarà maggiore e sarete subito pronte a un'eventuale nuova azione.

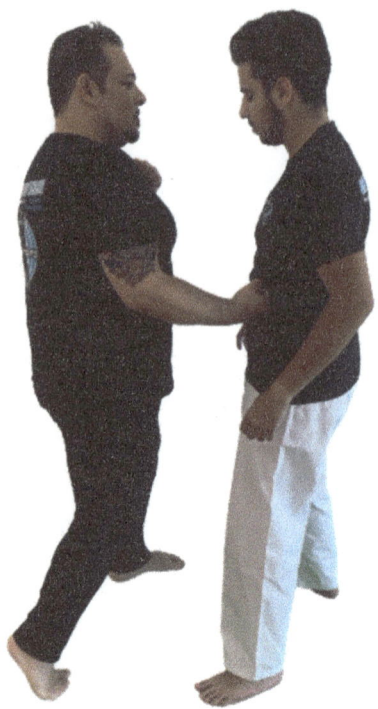

Bisogna tenere comunque in considerazione che colpire un bersaglio con precisione non è così semplice come possa sembrare.

Se ad esempio andiamo ad analizzare il pugno diretto , colpendo in maniera non corretta si possono causare delle lesioni molto serie, non solo per un neofita, ma anche un praticante esperto.

*altro attacco potente* , tipico del Kapap è il pugno a martello , uno dei miei preferiti. È semplice, Oltre ad essere molto più facile da imparare rispetto ai pugni tradizionali, il colpo a martello ha un altro grande vantaggio. Poiché non vi è alcuna compressione delle nocche, né piegatura del polso, le probabilità di danneggiare la mano mentre colpisce sono minori a differenza di altri pugni.

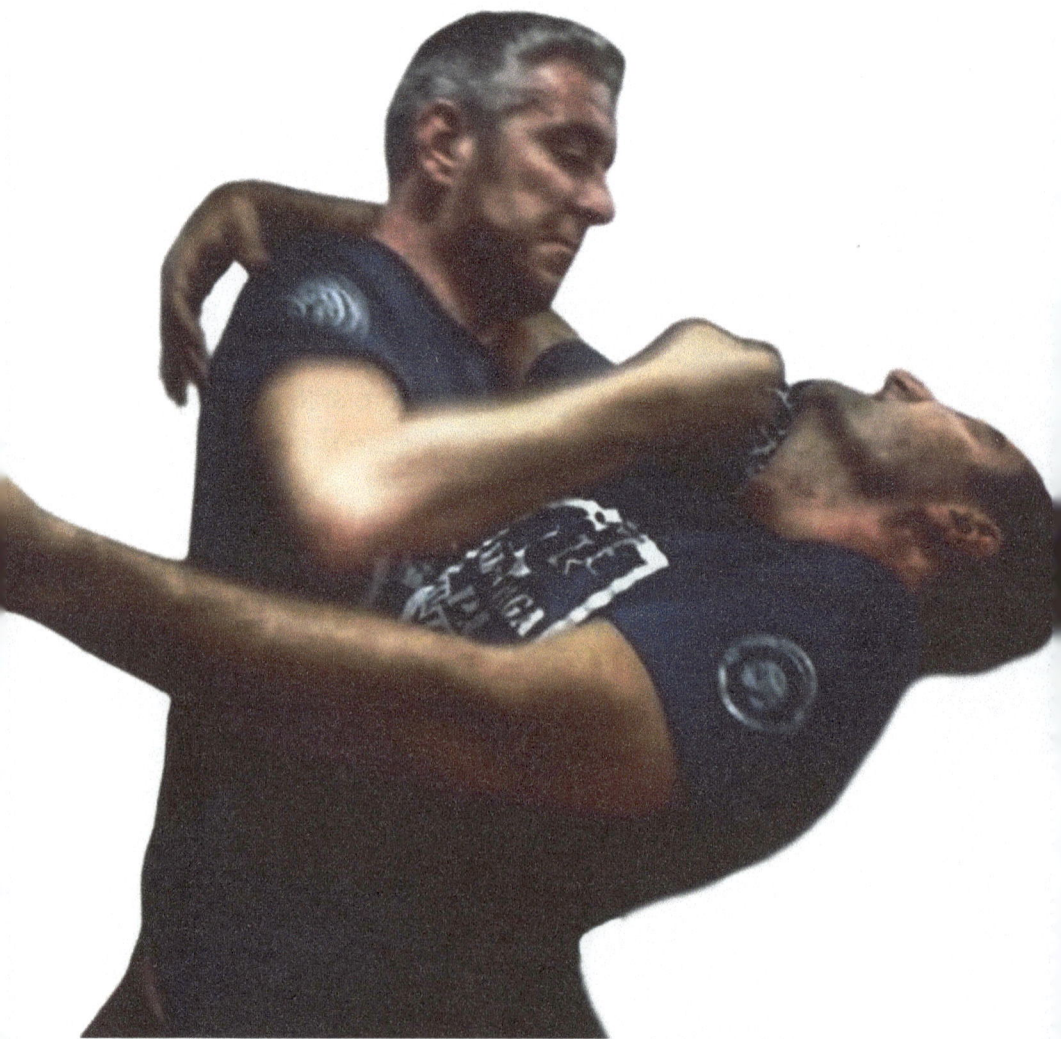

Allenatevi con intelligenza,
State attenti !!!

### Colpo di taglio

Nella cultura popolare, il colpo con il taglio della mano viene spesso associato alla pratica del Karate, nell'ambito della quale è chiamato **shuto uchi** . Senz'altro più difficile (ma molto utile per colpire il collo, ad esempio) .

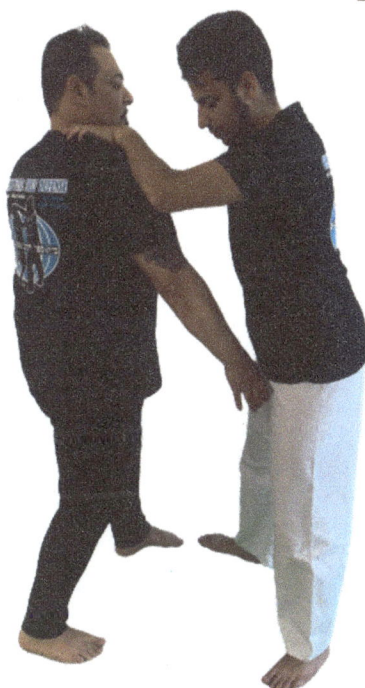

La zona inguinale è delicatissima. Un colpo nei testicoli (sempre molto doloroso) può provocare la rottura (trai danni permanenti, in questo caso, c'è anche la sterilità).

## Gomitata

È uno dei colpi più potenti e letali nella corta distanza , spesso associata come tecnica complementare alla ginocchiata, insieme ne fanno un mix micidiale e spesso indifendibile.

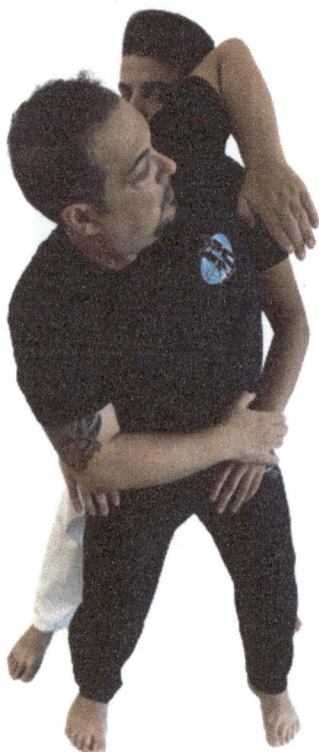

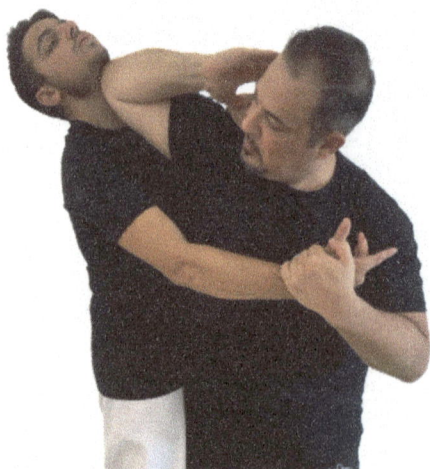

## Ginocchiata

**colpire con una ginocchiata** è un modo molto efficace per difendersi da un aggressore in un corpo a corpo. Colpire col ginocchio, è un gesto istintivo e facile.

## Tecniche di Gamba

*Nella Israel Self defense una grande importanza assume l'allenamento e si sviluppa sull'acquisizione di tecniche di pugno e di calcio, oltre che infiniti movimenti di difesa.*

Più articolati invece i diversi tipi di calcio, utili nell'allenamento quotidiano per una ottima elasticità . Basti pensare che un calcio può mettere a Ko l'aggressore , se dato bene e con potenza .

Il classico tipo di calcio è il frontale, con gamba portata prima al petto e poi stesa in avanti a colpire con l'avampiede. Spettacolare è il calcio circolare, o rotante, che può mirare alle gambe, al fianco o al volto dell'avversario, così come il calcio incrociato, il cui opposto è il calcio ad ascia.

Un altro colpo tipico negli esercizi è il calcio a uncino, eseguito con una rotazione di 90 gradi.

In Israele molti praticanti di Krav Magà associano l'allenamento con tecniche di karate  per aumentare l'elasticità e una buona coordinazione motoria . Per chi come mè ha iniziato da bambino a praticare sarà facile sferrare un calcio alto , anche a freddo . Il mio consiglio : allenatevi sempre

# LE PARATE

Nel Krav Maga esistono sette parate base di braccio e seguono una numerazione logica per la loro identificazione di rapido apprendimento, coprendo i 180° per ciascun lato. Si possono effettuare parate rapide con il palmo aperto della mano e con l'avambraccio se si vuole controllare il braccio che attacca ( contro armi). Su attacco di coltello è preferibile parare di avambraccio per evitare che l'avversario ci tagli nel ritorno dell'attacco. E' la guardia che condiziona la tecnica e non l'opposto.

La parata andrà effettuata con il braccio più vicino all'oggetto da parare sempre che ciò avvenga in maniera comoda. Le parate possono essere interne o esterne, bloccanti o devianti con controllo dell'attacco.

La differenza con le arti marziali per quanto riguarda le parate (o deviazioni) consiste nell muovere prima la mano e successivamente il corpo in quanto la prima è molto più veloce del secondo.

# PRESA AL POLSO
# DIFESA - HAGANAH

chi attacca con una presa alla mano lo può fare per due motivi :

- per spingere via da se la propria vittima
- per trascinare verso di se la propria vittima

dovete cercare di COLPIRE in ANTICIPO il vostro avversario non appena vi rendete conto che sta cercando di afferrarvi, e DOVETE farlo eseguendo un colpo che vi consenta di avere il massimo risultato con il minimo sforzo.

Ricordatevi che ogni presa
ha un punto debole, cioè un
punto in cui l'avversario può
mettere POCA forza e che
potete usare per liberarvi
con relativa facilità. Nel caso
di una presa di tipo
INCROCIATO, il punto
debole si viene a trovare tra
la punta del pollice e quella
dell'indice

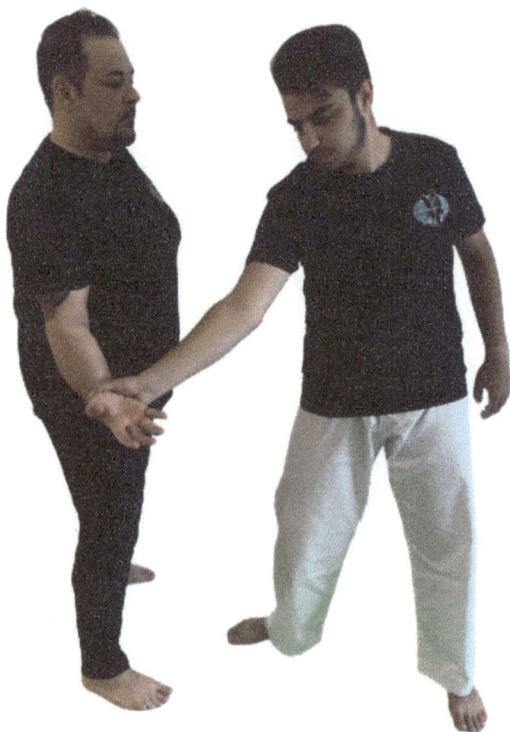

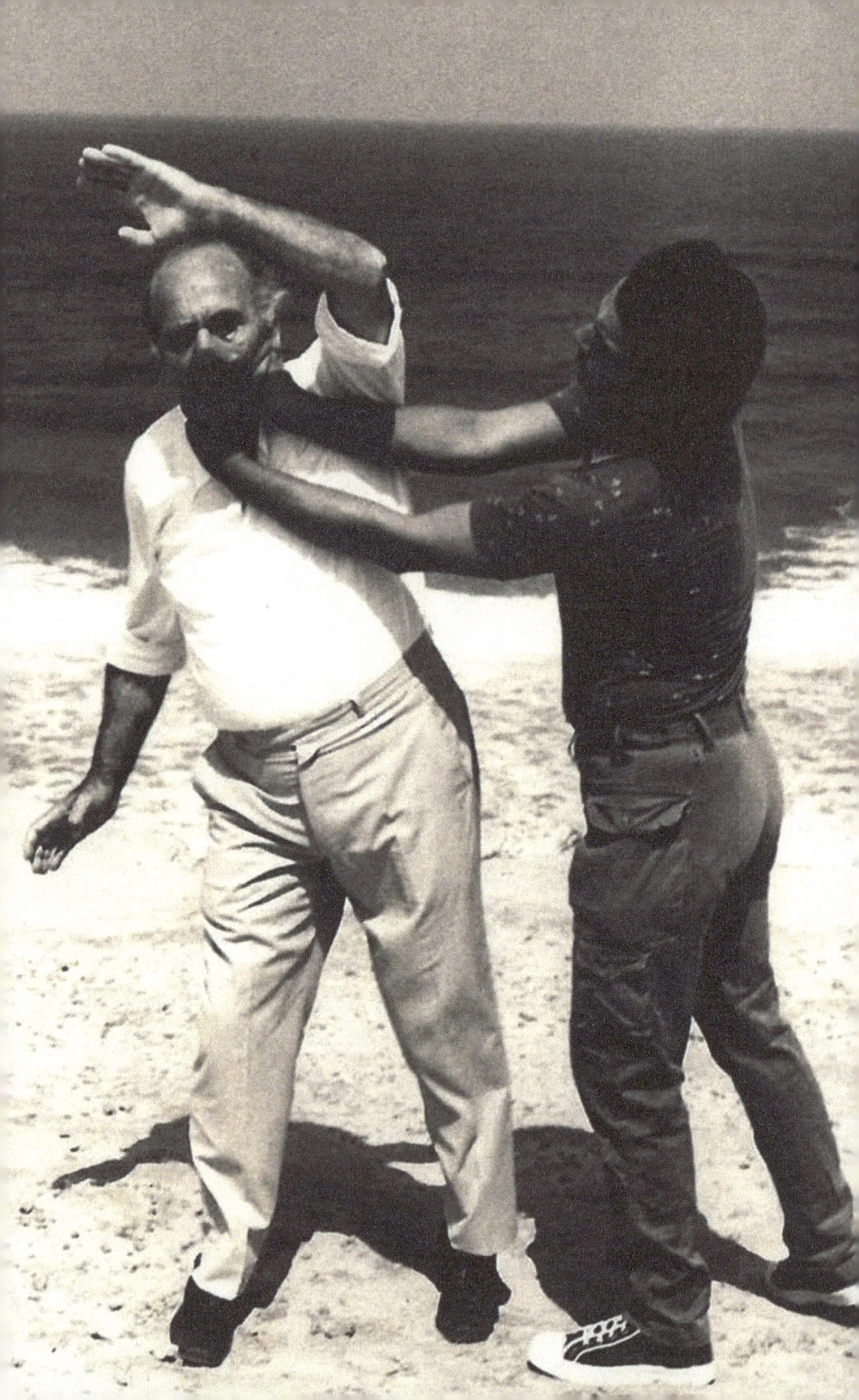

## Il KAPAP - KRAV MAGA REALE

è un sistema di combattimento feroce ed estremamente aggressivo, che privilegia la corta distanza e utilizza numerosi intrappolamenti con gli arti e manovre di sbilanciamento.

Le tecniche sono molto veloci e sciolte e tra i colpi con gli arti superiori spicca la varietà delle gomitate, a fianco di pugni e percussioni con la mano aperta. Ogni singolo attacco comprende almeno tre colpi in rapida sequenza, la cui potenza viene coadiuvata dall'abbassamento della posizione, che consente di sfruttare la forza peso e la forza di gravità.

**NEL MOMENTO I CUI SI VIENE ATTACCATI , IL KAPAP KRAV MAGA' ATTACCA FEROCEMENTE SENZA VIA DI SCAMPO PER L'ASSALITORE , QUESTA E' LA MENTALITA' MILITARE ISRAELIANA !!!**

# STRANGOLAMENTI

Si tratta in genere di attacchi molto pericolosi, per i danni che possono provocare e soprattutto per lo scopo estremamente violento che li anima: se qualcuno vi prende per il collo è probabile che voglia uccidervi, ma anche se lo fa in un eccesso parossistico di rabbia è elevato il rischio che non controlli la forza del gesto e che quindi siate comunque in gravissimo pericolo. Dunque rispondete con la massima energia e determinazione, ricordandovi, come prima cosa, di abbassare il mento sul collo e di stringere forte le labbra, di modo che il rigonfiamento dei muscoli del collo ridurrà sensibilmente la pressione sulla laringe.

*Gli strangolamenti agiscono sulle vie respiratorie del collo, sono necessari circa 7 secondi per far svenire un avversario ed un minuto e mezzo per causarne la morte.*

La sequenza in queste due pagine mostra come difendersi contro uno strangolamento con spinta da dietro : consiglio : nel momento in cui spinge in avanti sollevate le mani , giratevi di scatto, colpite con l'avambraccio destro il collo e contemporaneamente colpite con ginocchiata o calcio basso ai genitali

## STRANGOLAMENTO DA DIETRO

afferrare entrambe le mani , spostarsi lateralmente , colpite ai genitali con mano aperta o di taglio e completate la difesa con gomitata verso l'alto

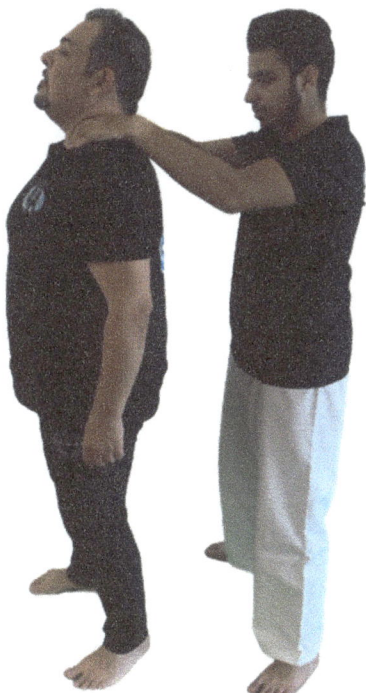

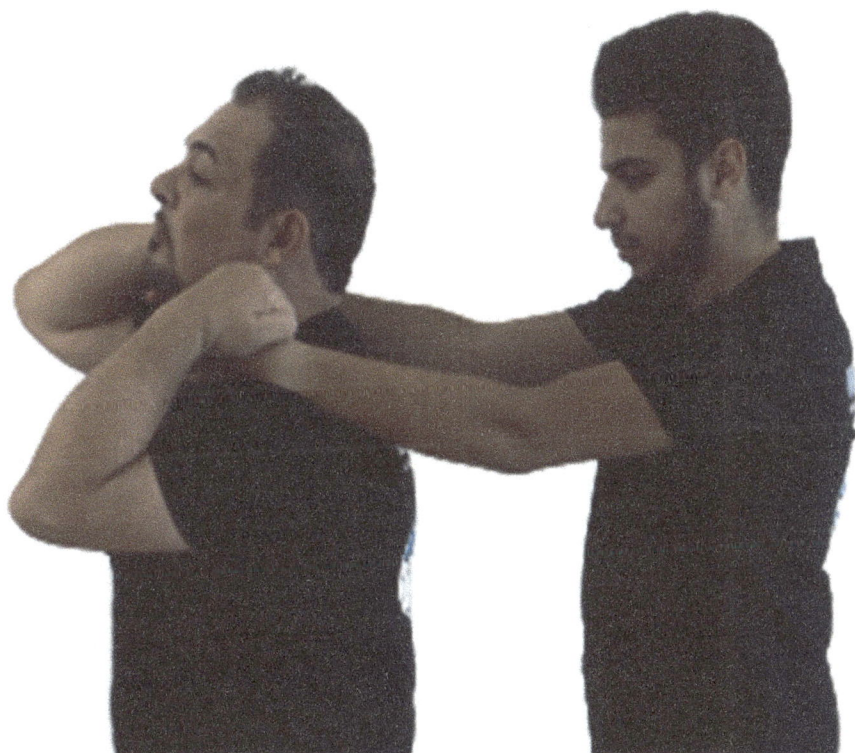

Sia che vi afferri con le mani, sia che tenti di spezzarvi il collo con una presa alla nuca, o che addirittura tenti di strangolarvi con un laccio, dovete agire in fretta: non perdete assolutamente istanti preziosi nel cercare di liberarvi con le mani, ma colpite il più violentemente possibile i suoi genitali

## DIFESA STRANGOLAMENTO LATERALE

rispondete con la massima energia e determinazione, ricordandovi, come prima cosa, di abbassare il mento sul collo e di stringere forte le labbra, di modo che il rigonfiamento dei muscoli del collo ridurrà sensibilmente la pressione sulla laringe. Con la mano sinistra afferrare il polso dx e sbilanciarsi in avanti sx e contemporaneamente con la mano dx colpite ai genitali e subito gomitata al mento.

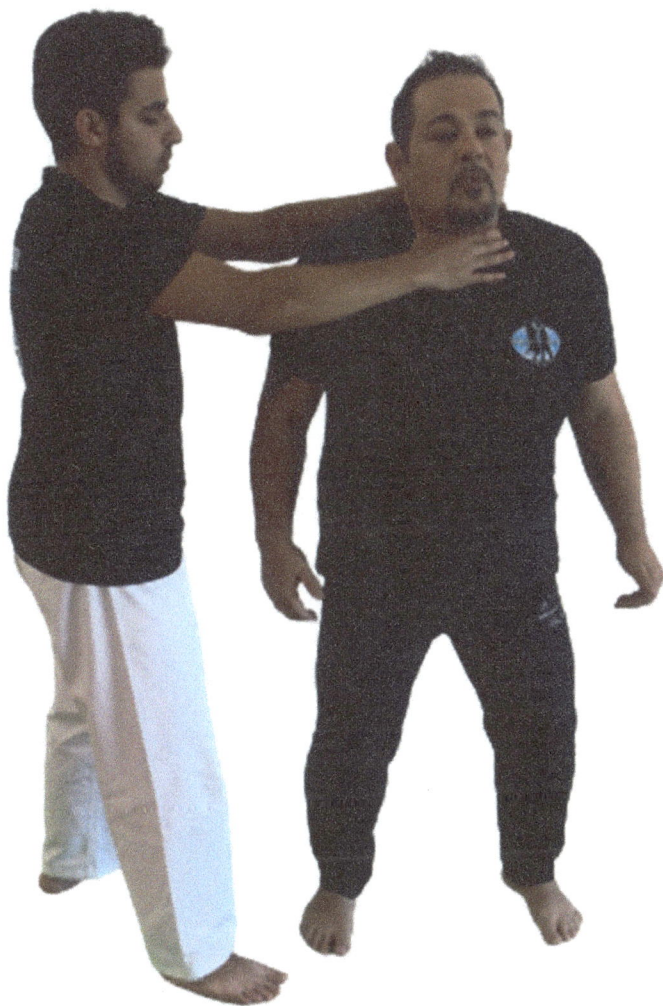

## DIFESA DA PUGNO DESTRO - KRAV MAGA '

l'avversario attacca con il pugno destro , intercettate l'attacco , spostarsi per far scaricare l'attacco del pugno e parate con la mano sx

completate la difesa con un attacco veloce al mento

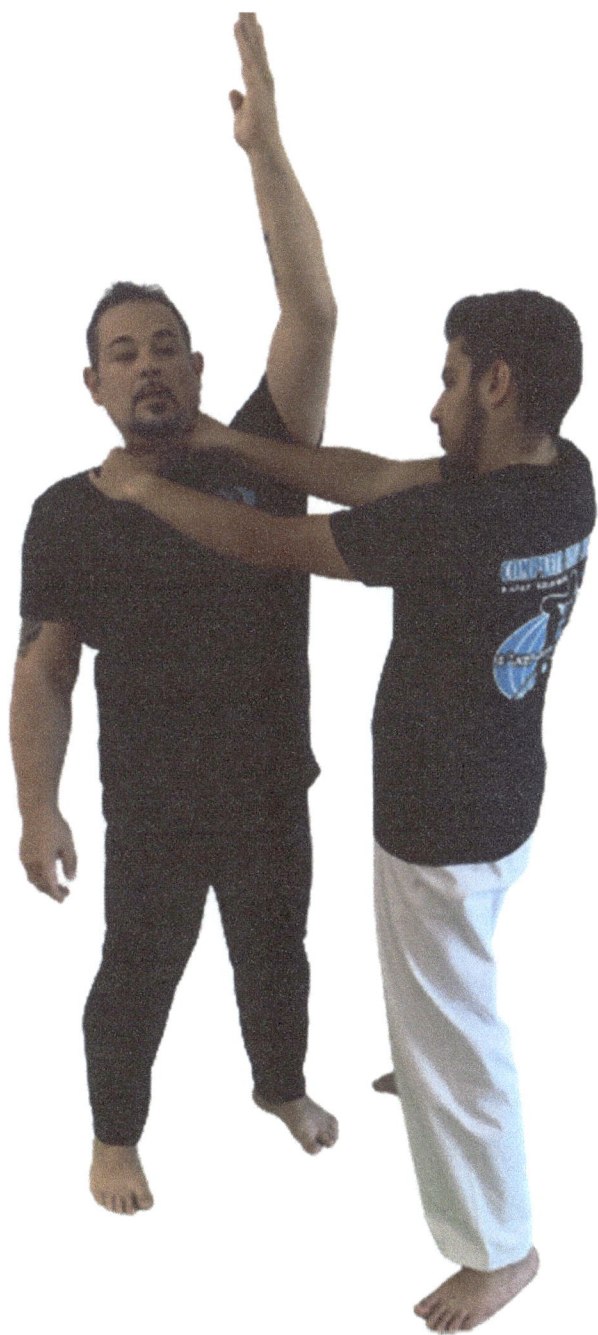

# STRANGOLAMENTO CON SPINTA IN AVANTI
### alzare il braccio dx , contrattaccare con gomitate

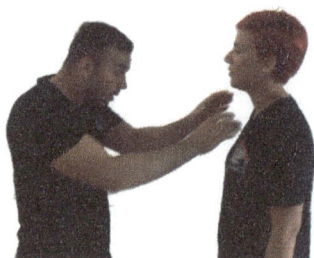

# STRANGOLAMENTO CON AVAMBRACCIO

Prima che l'avversario completi la stretta , abbassare
velocemente il braccio e morderlo con forza

# STRANGOLAMENTO
prima che l'avversario provi a strangolarvi
controattaccate con ginocchiata ai genitali

**in questa difesa colpite con il palmo della mano il mento dell'avversario e finite con ginocchiata ai genitali**

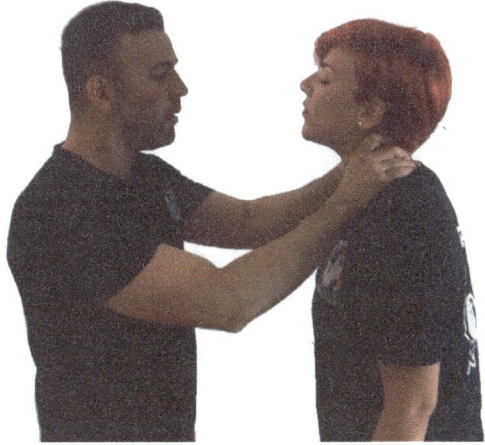

# PRESA AL COLLO LATERALE

in questa difesa colpite il naso con la mano sx e contemporaneamente con la mano dx colpite i genitali e finite con pugno alla gola

# PRESA AL CORPO
con la mano sx colpite sul naso e contemporaneamente completate
con ginocchiata ai genitali

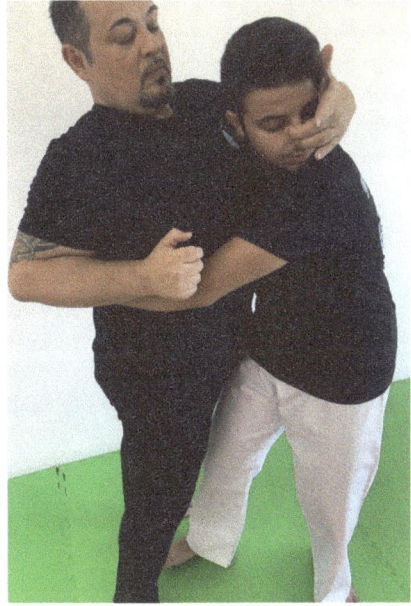

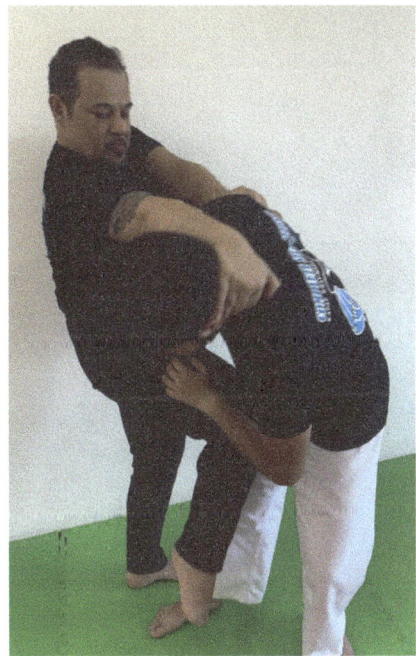

# PRESA AL CORPO SOTTO LE BRACCIA

difesa estremamente facile e veloce colpire con ginocchiata i genitali o inserite le dita negli occhi

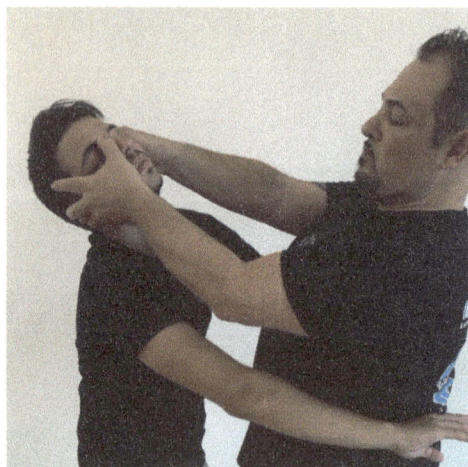

# PRESA SOPRA LE BRACCIA

con il dorso delle mani colpite i genitali e completate con gomitata
al mento

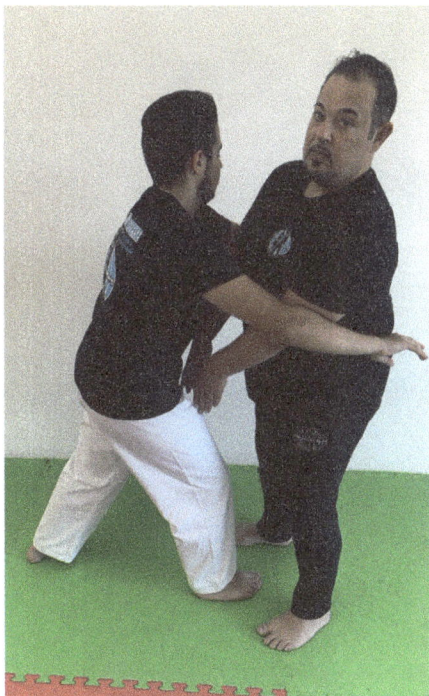

# PRESA DA DIETRO SOTTO LE BRACCIA
## colpire velocemente con gomitate al viso

# MINACCIA CON PISTOLA

Una persona che mi minaccia con una pistola, mi sta lasciando una scelta, un margine d'azione, altrimenti avrebbe sparato. Se qualcuno mi minaccia significa che per il momento non ha intenzione di uccidermi: vuole qualcosa da me. Poi sta a me decidere. Se quello che vuole non mette a repentaglio la mia vita o quella dei miei cari (chiavi della macchina, cellulare, portafoglio ecc) allora non c'è una ragione al mondo per rischiare di farsi sparare reagendo. Se invece, quello che il mio aggressore vuole mette a repentaglio la mia vita o quella dei miei cari, il discorso cambia.

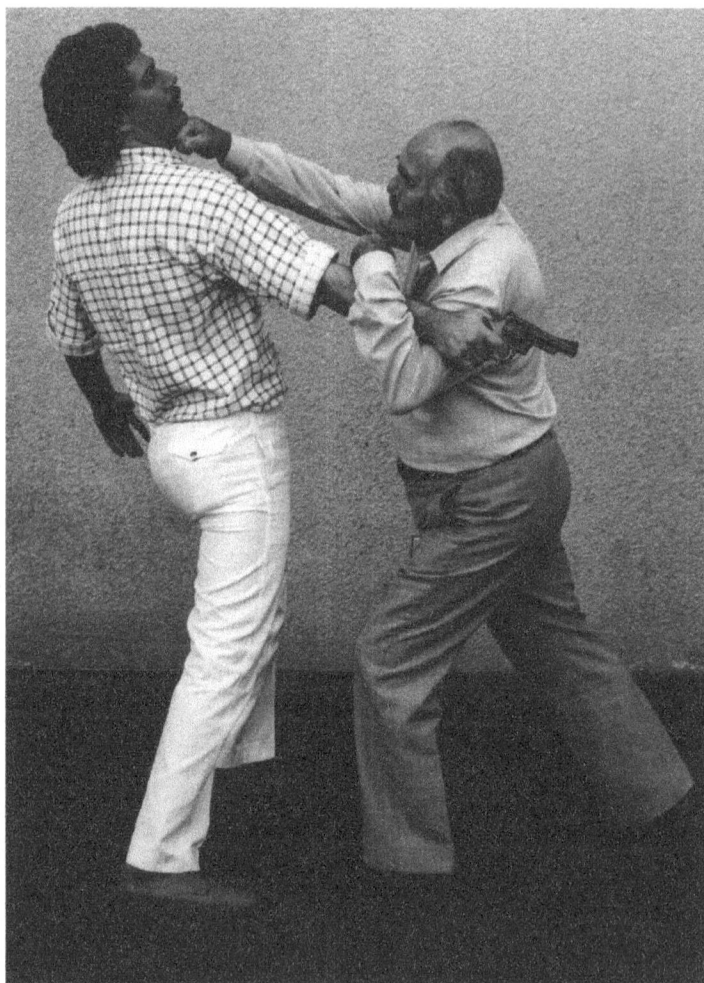

# Se minacciati con un'arma da fuoco, è sempre meglio cedere alle richieste di chi ci sta minacciando.

*La minaccia da arma da fuoco è, intuitivamente, un serio pericolo. Dopo anni di addestramento e con un allenamento adeguato, e' possibile difenderci da un'arma da fuoco solo nel caso di minacce e con il vantaggio psicologico dell'iniziativa, si può eseguire lo spostamento del corpo fuori dalla linea di tiro e contemporaneamente spostare il braccio armato nello stesso tempo. Il fattore sorpresa e velocità è essenziale. Il momento ideale per eseguire il disarmo è quando chi ci minaccia viene distratto per una frazione di secondo da motivi di qualsiasi natura.*

Deflettete la mano armata dell'aggressore con il vostro braccio sx ruotando velocemente il corpo

Dopo aver deviato la linea di tiro bloccate il suo braccio dx armato e completate con pugno al mento

Eseguite una rotazione del corpo verso sx per controllare se la pistola è ancora nella mano dell'aggressore ,afferratela velocemente con la mano dx , ruotate la pistola di 90° per colpire l'aggressore

# 2°DIFESA CON MINACCIA A MEDIA DISTANZA

L'aggressore vi punta la pistola

Spostate il peso del corpo in avanti , portate la mano sx in direzione della canna , ruotate il palmo della mano facendo attenzione a stendere bene il braccio con la spinta del corpo in avanti

Fate uno scatto in avanti
con il piede sx e sferrate
un pugno al mento

colpite con ginocchiata dx

tirate indietro la mano dx che ha colpito
il mento e afferrate la parte posteriore
della pistola vicino al cane

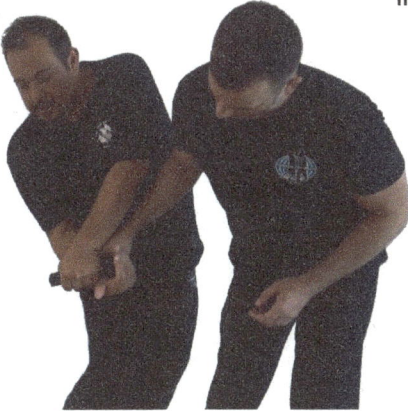

ruotate la pistola e con forza
tirate con le mani e
indietreggiate

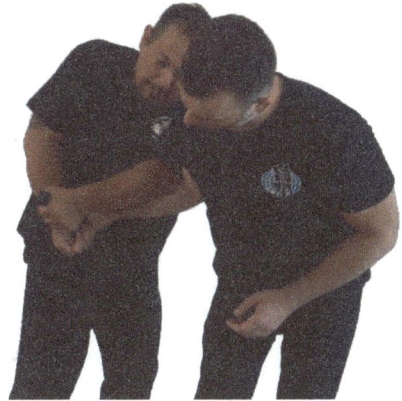

dopo esservi allontanati
tenete sotto tiro l'aggressore

Affrontate un individuo armato solo se siete a tutti costi costretti a farlo per la vostra incolumità per chi vi è accanto: se avete la possibilità di fuggire... evitate di affrontare pericoli e scappate via!

Non si tratta di codardia ma semplicemente di non voler mettere in gioco la propria vita, c'è differenza coraggio ed incoscienza!

Ricordate che l'unica cosa importante rimane la vostra incolumità.

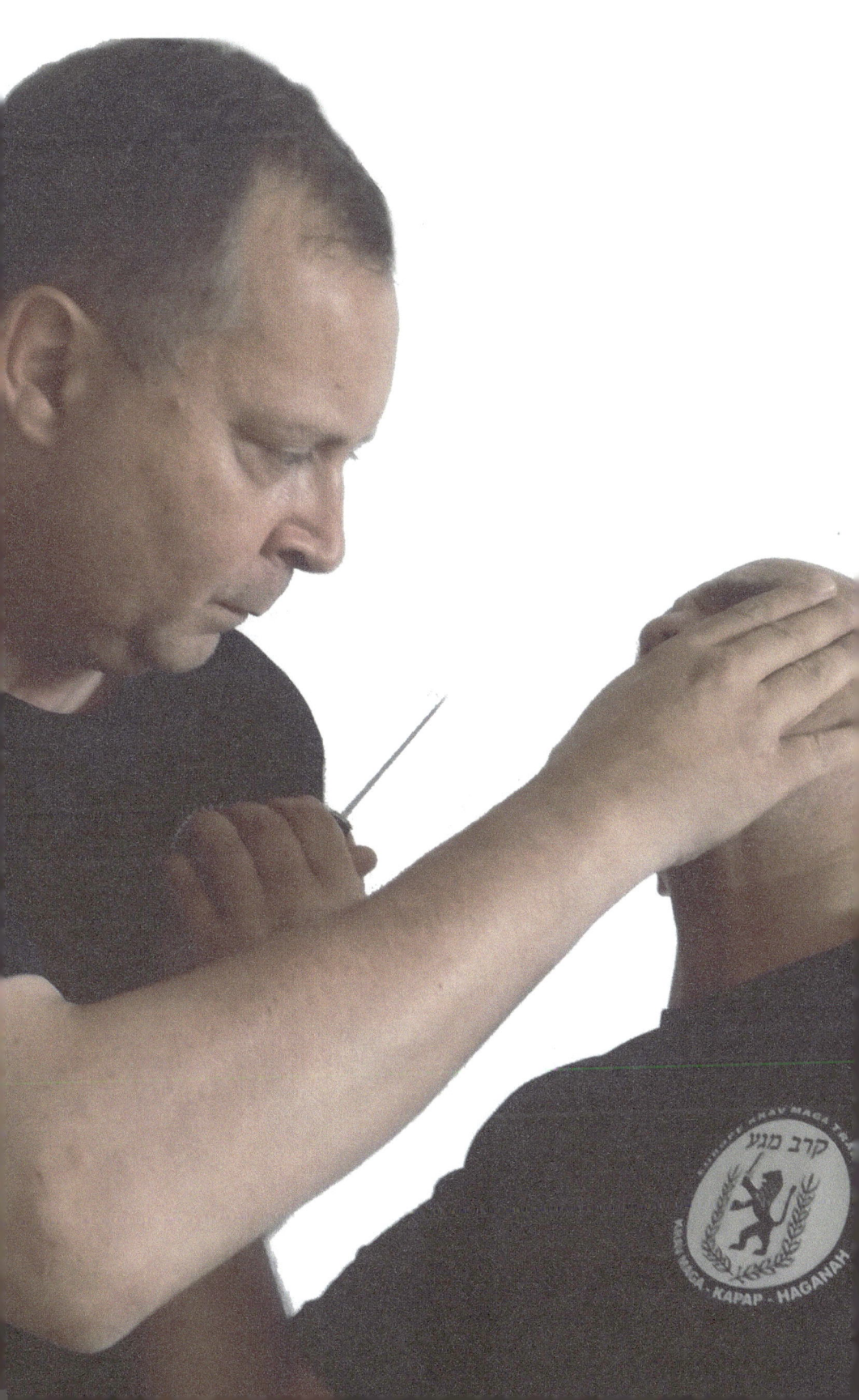

# MINACCIA DA COLTELLO

**Quasi ogni disciplina di arti marziali o di difesa personale presenta un proprio programma di tecniche da disarmo in particolare per la difesa da MINACCIA da coltello.**

## Princìpi fondamentali di difesa

•se è possibile, cercare di evitare in ogni modo lo scontro con un avversario armato di coltello. A volte il metodo migliore per farlo è darsi alla fuga, specialmente se si è in grado di correre veloci.

•quando si nota un aggressore che si avvicina con l'intenzione di attaccare, può trovarsi a diverse distanze possibili. Noi distinguiamo tra quattro principali distanze.

La prima: distanza molto corta, entro la quale è pressoché impossibile difendersi a meno che non si è estremamente bravi e tecnici.

La seconda: distanza corta, entro la quale è possibile utilizzare una tecnica di difesa con la mano e contrattaccare con l'altra. A questa distanza ci si può difendere in maniera efficace, specialmente contro un attacco circolare.

La terza: distanza media, entro la quale una difesa con la mano può essere usata assieme a un'appropriata tecnica difensiva col corpo per aumentare l'efficacia della difesa e del contrattacco, e per "sorprendere" l'aggressore a uno stadio piuttosto iniziale del suo attacco.

La quarta: distanza lunga, entro la quale si può colpire l'aggressore con un calcio intercettatore e fermarlo a una distanza relativamente ampia prima che possa fare del male.

# MINACCIA CON COLTELLO ALLA GOLA

allontanare la mano che tiene l'arma con la mano destra nella
(facendo molta attenzione)

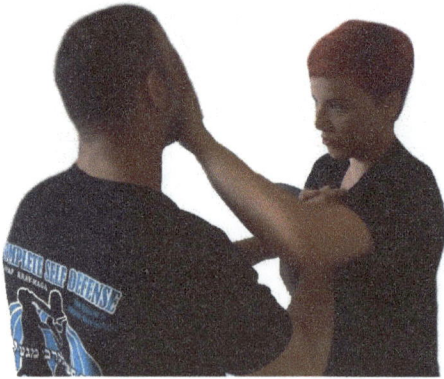

con la mano destra trattenete il polso e con la mano sinistra colpire velocemente il viso

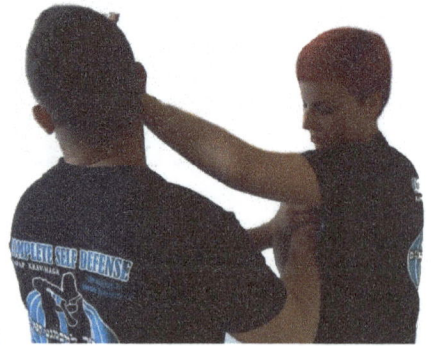

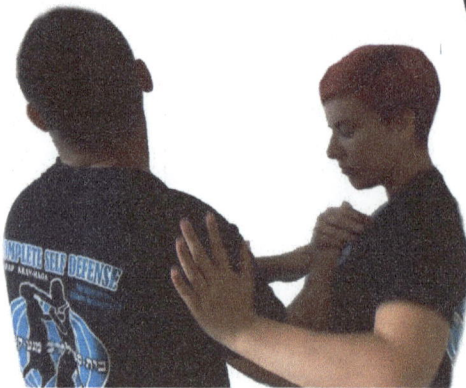

effettuate uno spostamento del corpo verso destra e spingete al muro l'avversario

# DIFESA CON ATTACCO DA COLTELLO (A)

# DIFESA CON ATTACCO DA COLTELLO (B)

# DIFESA CON ATTACCO DA COLTELLO (C)

# DIFESA CON ATTACCO DA COLTELLO (D)

# DIFESA CON ATTACCO DA COLTELLO (E)

# DIFESA CON ATTACCO DA COLTELLO (F)

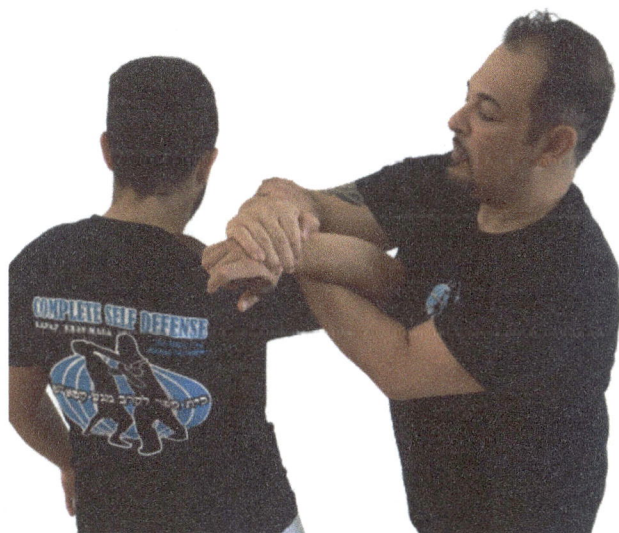

# DIFESA DA BASTONE

Per difesa da oggetti contundenti non si intende solamente la difesa da bastone, ma da ogni oggetto similare, ad esempio ombrelli, bottiglie, spranghe, riviste arrotolate e quant'altro possa divenire un'arma simile ad un bastone. Ovviamente negli allenamenti si utilizza il bastone, solitamente in rattan o in materiale morbido per gli allenamenti a contatto pieno. Gli oggetti occasionali vengono impegnati durante i corsi per simulare eventuali attacchi da strada. L'utilizzo del bastone come arma risale a tempi lontanissimi, e tutt'oggi ricopre un ruolo di fondamentale importanza nelle arti di difesa personale. In certi corsi convenzionali gli istruttori prediligono la cura dello "stile" nell'utilizzo del bastone, e in effetti il risultato è bello da vedere. Io, però, prediligo cose meno eleganti da vedere ma snelle mà, allo stesso tempo , rapide ed efficaci. Il bastone utilizzato è di circa mezzo metro di lunghezza, questo lo rende facile da maneggiare e rende i colpi estremamente precisi e applicabili a ridottissima distanza dall'avversario. **Come per ogni tecnica anche per quelle previste per la difesa da bastone dovranno essere ripetute continuamente, tanto da addestrare la mente ad essere pronta a rispondere in maniera appropriata ad ogni minaccia si presenti.**

l'aggressore solleva il suo bastone e avanza verso di voi sferrando il suo attacco deciso . Sollevare la mano destra per eseguire una difesa in AFFONDO mentre piegate il busto in avanti e scattate verso l'aggressore . Eseguite una rotazione del corpo e contemporaneamente afferrate il bastone con la mano  sinistra e con la mano destra colpite il suo volto

# Mente Aperta

Imparare molte tecniche anche complesse, è essenziale per un motivo semplice: memoria neuromuscolare. Dobbiamo, attraverso un serio allenamento memorizzare molte e sempre più complesse tecniche per educare il nostro cervello e i nostri muscoli a reagire con movimenti complessi, rapidi, a gestire l'equilibrio ed ad imparare ad ascoltare il nostro corpo.

Dobbiamo crearci una "biblioteca" di tecniche, per poi, al momento giusto, usare... Non la più adatta, ma la tecnica più efficace, che magari non abbiamo mai fatto, ma grazie all'allenamento che abbiamo ricevuto saremo in grado, senza nessuno sforzo, di adattarci a qualsiasi situazione, quasi istantaneamente.

Il problema, a questo punto, non è studiare tecniche "inutili", ma liberarsi "dell'inutile" quando è il caso di fare sul serio. Perché la strada è una cosa, la palestra un'altra.

# ESERCIZI PER SVILUPPARE LA FLUIDITA'

obiettivo dell'allenamento della sensibilità è di affidare i tuoi sensi di percezione come la vista, l'udito, il tatto, cosicché tu possa riconoscere, identificare e reagire prontamente alla mossa dell'avversario, senza pensare o essere frenato DAI PENSIERI

**Non dimentichiamo che le arti marziali non sono nate per vincere trofei o medaglie, bensì per sopravvivere.**

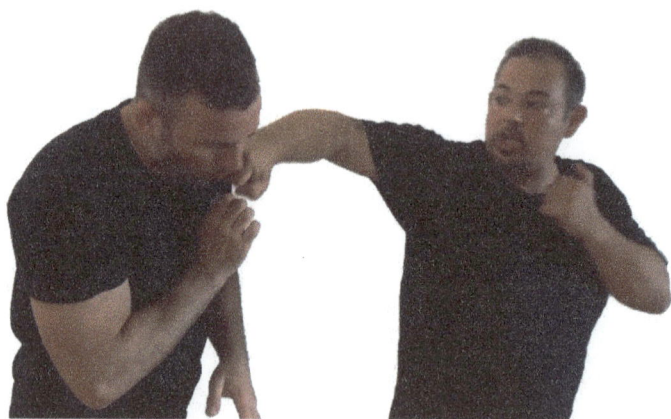

pugni, colpi di gomito, di avambraccio, con il taglio o con il palmo
della mano sono alcune armi dell'arsenale di tecniche utilizzate

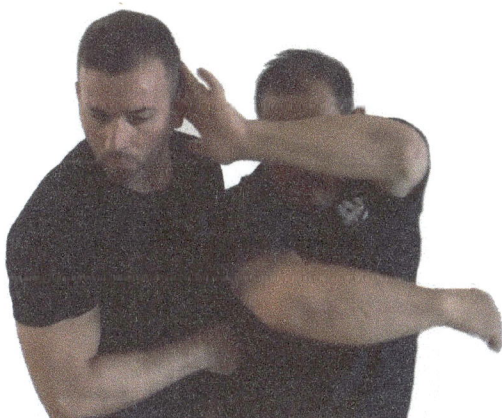

## "La tecnica del mio avversario è la mia tecnica"

Tieni le mani alte vicine al petto, così riuscirai a reagire rapidamente ai colpi dell'avversario. Quando vedi arrivare un pugno verso la testa, alza l'avambraccio davanti al viso per bloccarlo con più facilità. Contrai i muscoli del braccio per attutire meglio l'impatto ed evitare di subire un colpo diretto

La regola d'oro è **cercare di stare in piedi in ogni circostanza durante un attacco di strada**. Stare in piedi è la migliore e più versatile piattaforma di combattimento che offre il vantaggio della mobilità. **Se si finisce a terra in un combattimento, occorre cercare di rimettersi in piedi il più presto possibile**. Allo stesso tempo, tuttavia, non bisogna trascurare di proteggersi per evitare di prendere calci violenti.

*Non ha senso paragonare un sistema di combattimento con un altro, perchè è la persona che la pratica a fare la differenza. Esistono arti marziali più o meno adatte al fisico di una persona, e alcune più specificatamente orientate ad uno scopo (lo sviluppo armonioso della mente/corpo, lo sviluppo della destrezza, lo sviluppo del controllo dell'avversario ecc...ecc...)*

# DIFESA - KAPAP

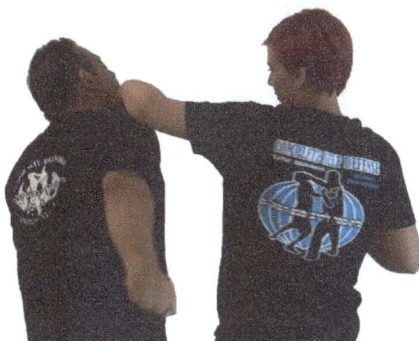

l'obiettivo finale dell'autodifesa non è "vincere", ma sfuggire alla situazione in modo sicuro e incolumi. Il modo più semplice per raggiungere questo obiettivo è limitare o distruggere la capacità dell'attaccante di seguirci e continuare l'attacco. Pertanto, i punti deboli come occhi, gola o gambe dovrobboro essere presi di mira per le contromisure. Perché il concetto si applica: "Se non può vedere, respirare o stare in piedi, non può combattere"!

La difesa personale è difendere la mia incolumità nel momento in cui mi trovo nella situazione X. In primis forse sarebbe meglio notare che se una persona è un abile combattente non si trova quasi mai a dove r combattere in una situazione di difesa personale, soprattutto perché controlla le persone prima che accada qualcosa, evita le situazioni.

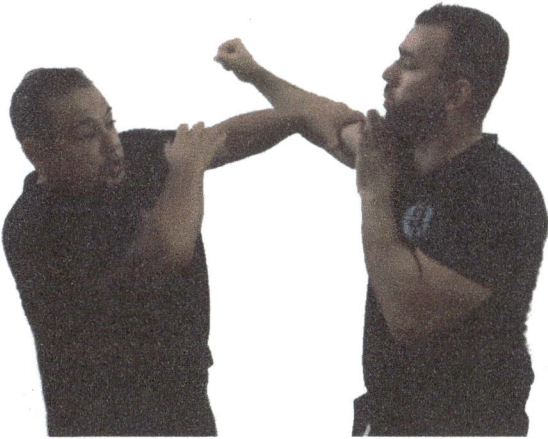

le tecniche proposte durante le lezioni devono poter essere applicate in situazioni di self defense il più reali possibili, perciò, di volta in volta, gli istruttori creano delle circostanze ad hoc, cui l'allievo coinvolto è costretto a reagire. Per questo i partecipanti ai corsi devono imparare a neutralizzare un attacco, colpendo molto rapidamente i punti più vulnerabili del corpo umano, come nuca, tempie, occhi, gola, ginocchia, genitali.

*Questo sistema di difesa, è abbastanza facile da assimilare, in quanto non vi è nulla di superfluo, ma solo pragmatismo, istintività, velocità di esecuzione delle azioni, fino all'eliminazione del problema. Tradotto significa: dileguarsi, o colpire e fuggire, oppure neutralizzare l'avversario*

Fate ciò che vi piace.
Se quello che state facendo
vi fa sentire bene
vuol dire che quella è la strada giusta.


Grazie mille
Alfonso Torregrossa

SEMINARIO ROMA

SEMINARIO GIAPPONE

SEMINARIO YOKOYAMA - JAPAN

ISTR. ROBERTO - M° BELLUSCI

ISTR. GORI

# SEMINAR - MILANO - IPO POLICE

## SEMINAR - BOLOGNA - IPO POLICE

## SEMINARIO NAZIONALE CSEN - SAN BENEDETTO

SEMINARIO SERBIA

ALFONSO TORREGROSSA
Belgrade        2019

**SEMINARIO - VERONA**
**CENTRO KAPAP KRAV MAGA CSEN**
**MASTER CAMPEDELLI MAURIZIO**

ISTR. FRANK FOLINO

ISTR. SCHIANCHI

FORMAZIONE ISTRUTTORI SPAGNOLI

FORMAZIONE ISTRUTTORI SPAGNOLI A CALTANISSETTA

SPAGNA - SEMINARIO
ISTR. MEANA FELIPE GONZALES

SEMINARIO - SPAGNA

SEMINARIO - SPAGNA

SEMINARIO - SPAGNA

SEMINARIO - SPAGNA

FORMAZIONE ISTRUTTORI
SEMINARIO CALTANISSETTA

G.M. ARTUSI

G.M. GESUALDI

STR. FERRANDES

ISTR. CEREDA

大東流柔術ハヤテ柔術18（突身捕）

# Matsuda Den Daito Ryu
# Aikijujutsu Renshinkan

Storia , tecniche e applicazioni  Hiden Mokuroku, Syllabus segreto (秘伝目録)
prima parte - Shodan Katei  - Daito Ryu Jujutsu 18-Kajo

松田敏美伝大東流合氣柔術練心館
Alfonso Torregrossa

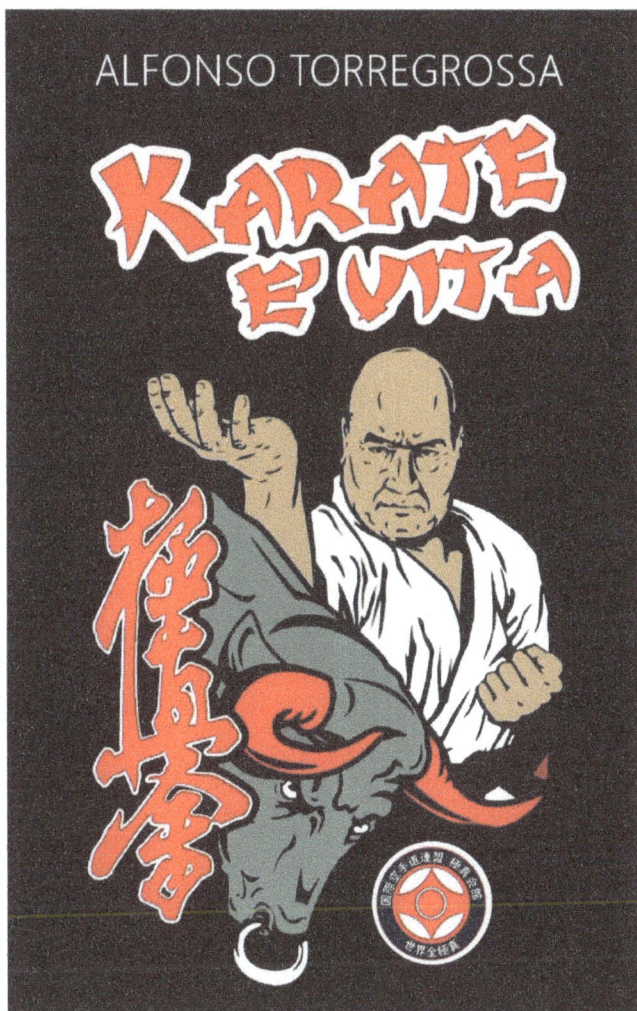

ALFONSO TORREGROSSA

KARATE E' VITA

Lightning Source UK Ltd.
Milton Keynes UK
UKHW021010261021
392853UK00008B/149

9 781715 731403